Wisdom of the Yawo People

Lunda lwa Ŵandu ŵa Ciyawo

Published by
Kachere Series
P.O. Box 1037, Zomba, Malaŵi
ISBN: 99908-76-73-8 (Kachere Books no. 23)

The Kachere Series is represented outside Africa by
African Books Collective, Oxford (abc@africanbookscollective.com)
Michigan State University Press, East Lansing (msupress@msu.edu)

Printed by Lightning Source

Wisdom of the Yawo People
Lunda lwa Ŵandu ŵa Ciyawo

Yawo Proverbs and Stories
Yitagu ni Adisi sya Ciyawo

Ian D. Dicks

Kachere Books no. 23

Kachere Series
Zomba
2006

Kachere Series
P.O. Box 1037, Zomba, Malaŵi
kachere@globemw.net
www.sdnp.org.mw/kachereseries/

This book is part of the Kachere Series, a range of books on religion, culture and society from Malaŵi. Other Kachere titles are:

J.C. Chakanza, *Wisdom of the People: 2000 Chinyanja Proverbs*

David Mphande, *Nthanthi za Chitonga za Kusambizgiya ndi Kutauliya*

Steven Paas, *Chichewa/Chinyanja-English Dictionary (second edition)*

Steven Paas, *English/Chichewa-Chinyanja Dictionary (third edition)*

J.C. Chakanza (ed.) *African Ancestors' Religion: Chipembedzo cha Makolo Achikuda.*

J.C. Chakanza (ed.), *Research in African Traditional Religion: Initiation Rites for Boys in Lomwe Society and other Essays.*

Maria Saur, Linda Semu and Stella Hauya Ndau, *Nkhanza: Listening to People's Voices.*

James N. Amanze, *African Traditional Religion in Malawi: The Case of the Bimbi Cult.*

J.W.M. Van Bruegel, *Chewa Traditional Religion.*

The Kachere Series is the publications arm of the Department of Theology and Religious Studies of the University of Malaŵi

Acknowledgements

I wish to give my thanks and acknowledge my indebtedness to the many acquaintances, friends and colleagues who have helped to shape this work and who have listened to me test and tell these proverbs and stories on many occasions. Thanks goes to those who have helped me more formally correct the translation and grapple with the meaning of the proverbs and stories. In particular I would like to thank Jawadu John, Mwamadi Julius, John Kaufa, Donnex Swaleyi and Paul Lundu who have assisted at various times with this process. I would also like to thank Brian Hara for the illustrations, Tim Cowley and Jane Hinton for the cover design and layout, Dr. Klaus Fiedler and Dr. Joseph Chakanza for the valuable advice and guidance, and the staff of Kachere Series, especially Mercy Chilunga who has formatted this book for publication. Moreover, I would like to thank the Embassy of the United States of America, Malaŵi, who have provided funds for printing this book. A special thank you goes to Steffi Nchembe whose help over a longer period of time has been invaluable and without whom I would not have been able to succeed. I wish also to thank my wife Wendy whose encouragement has kept me going even when the work has seemed so difficult. Finally, I dedicate this work to my two sons, Chimwemwe and Madalo who I hope will learn much from the wisdom of the Yawo people.

Ian D. Dicks

Mangochi, 2006

Kutogolela

Ngusaka kwatogolela acimjangu, ŵandu ŵane ŵakamula nawo masengo ni ŵane ŵakwamba kumanyigana nawo, ŵaŵangamucisye kulinganya masengo ganguga. Ŵandu ŵaŵajigalaga mbali ndili mkulinga adisi ni yitaguyi kuti nayiwone naga yili cenene, nombe nawo ngwatogolela nditu. Ngwatogolela soni ŵandu ŵaŵangamucisye gopolela yitagu ni adisisi m'Cisungu, nambo soni kulimbana ni kupata ni kusunga mate gakwe. Mnopemnope ngusaka kwatogolela Jawadu John, Mwamadi Julius, John Kaufa, Donnex Swaleyi ni Paul Lundu ŵaŵangamucisye mu ndaŵi syakulekanganalekangana panaliji mkulemba bukuji. Ngusaka kwatogolela soni Brian Hara, ŵaŵajambwile yitusitusi. Tim Cowley ni Jane Hinton ŵaŵapanganyisye kawonece ka kusa kwa bukuji. Ngwatogolela Dr. Klaus Fiedler pampepe ni Dr. Joseph Chakanza ŵaŵambele upungu wa gele masengoga. Ngwatogolela soni ŵandu ŵakamula masengo ku *Kachere Series* mnopemnope Mercy Chilunga ŵaŵalinganyisye bukuji kuti mpaka jiyice mwakopoka. Kwamnope ngusaka kwatogolela ŵa *Embassy of the United States of America* ligongo lya cikamucisyo ciŵapelece kuti bukuji jikopoce. Mwapadela ngwatogolela Steffi Nchembe ŵaŵangamucisye mnope nambo soni kwa ndaŵi jelewu. Akaŵa mwanjawu, une mkanina-gakombola kose gele masengoga. Ngwatogolela soni ŵamkwangu, Wendy, ŵaŵele ali mkulimbikasya kuti ngawujila panyuma atamose mu ndaŵi jagayikaga pakupweteka mnope gele masengoga. Pakumalisya, ngujipeleka jele bukuji kwa ŵanace ŵangu ŵaŵili, Chimwemwe ni Madalo, ŵangukulupilila kuti calijiganye yejinji kupitila mu lunda lwa ŵandu ŵa Ciyawo.

Ian D. Dicks

Mangochi, 2006

Series Editors' Preface

Proverbs contain the wisdom of the people. Every ethnic group has its own share of this wisdom. Since there is a great danger that these proverbs will gradually stop being used by people in ordinary speech, we have thought it wise to preserve them by having them written down so that the general public can read them and know their meaning. So far we have a published collection of 2,000 Chewa proverbs. We envisage another publication of 1000 Tumbuka proverbs by the end of this year, and we are still in the process of collecting Tonga and Sena proverbs. We are delighted that Yawo proverbs and proverbial stories are being published at a time when the Yawo language is re-emerging as an important medium for educational and developmental purposes, not to mention cultural and religious dimensions. It is our goal to publish as many proverbs as possible in local languages, as is the case in neighbouring countries like Tanzania, Uganda and Kenya.

We are also of the view that proverbs, though a heritage of the past, continue to be formulated by people in our times to suit and cater for the modern conditions. It is wisdom of the past and the present which keeps our societies moving with confidence into the future.

Mang'ombe ga ŵa *Kachere*

M'yitagu mwana lunda lwakutyocela kwa ŵandu. Mtundu uliwose wa ŵandu ukwete lunda lwelelu. Pa ligongo lyakogopa kuti yitagu yeleyi ciyisilale, uwe tuyiweni kuti kuli kwakusosekwa kuyilemba kuti ŵandu cakombole kuŵalanga kusogolo, ni kumanyilila mate gakwe. Pakalipano tukopwesye kala mtambala wa yitagu ya *Aceŵa*, yakwana 2000. Ni tukwembeceya koposya soni yitagu yine 1000 ya *Atumbuka*. Yeleyi ciyikopoce kumbesi kwa caka acino. Tukupitilisya soni kulokotela yitagu ya *Atonga* ni *Asena*. Tuli ŵakondwa kwabasi kuti sambano jino tukoposya adisi ni yitagu ya *Ayawo*, pa ndaŵi jacikuyicilila ciŵeceto cawo kuŵa mpela cakusosekwa mnope pa majiganyo ni citukuko ca cilambo. Ciŵeceto ca Ciyawo cili soni cakusosekwa mnope mu ndamo pampepe ni dini. Cili cakulinga cetu kuti tukoposye yitagu yejinji m'yiŵeceto yetu ya ku Malaŵi kuno, mpela mwakutendela acimjetu ŵa ku Tanzania, Uganda ni Kenya.

Uwe tukuganisya soni kuti, yitagu, atamose yili yakutyocela kwa acinangolo ŵakalakala, ŵandu capitilisye kupeka yine malingana ni mwajikwendela ndaŵi. Luli lunda lwakalakala, nambo soni lwasambano lwakwakamucisya ŵandu kwenda ni cembeceyo ca sogolo ja umi wawo.

Contents
Mndandanda

Illustrations
Yitusitusi

Introduction

It was Friday; the sun was still very hot even though it was late afternoon. But that didn't prevent nearly the whole village from turning out to hear the village court case. It was now the accused man's turn to speak. He had been accused of stealing his neighbor's goat and passing it off as his own. The accused was sitting with the rest of his supporters, mainly his family. They were there, because although it was only the man who had been accused, they in fact felt that they were all on trial. The headman seemed to be asleep as his eyes were shut. But, this was only an illusion; at exactly the right moments he would come alive and move the case along with an appropriate word or nod of his head. He was like a wizened crocodile waiting patiently for a small animal to give its life away. And this was exactly what the accused was doing. So far the accused had failed to give the name of the person who had sold him the young goat. Now the accused was asked to answer another question, posed by the chief's advisor; "Where then did you get the young goat from?" "From Mozambique! I met a man at the market, who sold it to me." "What did you pay him with?" "Aah..! Meticais! I received it for the clothes that I had sold at Cuamba two weeks previously." "So how much did you pay for the goat? In Meticais, that is?" "Aah, aah, aah, 500! Yes 500!" "500 what?" The crowd roared with laughter, they sensed the trap closing. The accused now looked nervous and began to speak faster; "It was, aah, five, five of those red bank notes!" Now the crowd laughed hysterically, not a nervous laugh of shame, but of enjoyment. The crocodile's eyes were now wide open; although in doing so he had not shifted position in his seat. This was the moment he had waited so patiently for; it happened every time. He knew that in the end they would give themselves away. He really had very little to do, but wait. It was so true he thought, as the wisdom of the people said; "*If it thunders, wait for the rain*". And now metaphorically it was beginning to rain.

After the laughter died down, the accused turned and began to address his relatives; he too sensed that he'd lost the crowd. He was appealing to them for support; to believe in him even against the mounting evidence. He knew the proverbial wisdom that said; *kin relationship is a bone that never rots*, and it was to this that he was now appealing. But now, even they were all looking at the ground. "Oh, now I remember", added the accused. "I didn't use money that day to buy the young goat. I exchanged the goat for two shirts and two pairs of trousers and not Meticais." More laughter; it was too late and everyone knew it.

Someone in the crowd spoke out loudly, without really addressing anyone, but vocalising everyone's thoughts, "Look at this; '*Mr. Hyena denied the castor seeds*'." People laughed again. They knew the proverb was true; even without real proof, the truth had become known. The case was over. The advisor to the chief now spoke as the accused looked down at the ground. "Lord" he said, addressing the village headman, "I am sure it can be seen now that '*The secret was uncovered by the ants*'."

As we have just seen, traditional oral literature is not just entertainment for those people who do not have access to a video player or a television. The importance of oral literature is its ability to be a communication medium which is able to convey important information in a culturally appropriate manner. Oral literature can convey historical facts, common wisdom, cultural knowledge and so forth. Oral literature does this in a disarming way and has the ability to draw in the listeners, enabling them to participate in a way that propositional type argument can never do. Oral literature covers a plethora of different genre including proverbs, proverbial stories, myths, initiation songs, riddles and so forth. No matter what the genre, oral literature, due to its 'storyness' is heard, understood, remembered and acted upon and therefore is an important tool for those who want to communicate in every age.

This book covers two genre of Yawo oral literature, the proverb, *citagu*[1] and the proverbial story, *adisi*. The *citagu* can be best described as a short saying that distils an important truth or insight. The *adisi*, on the other hand, is generally a short 'proverbial' story that unpacks the truth and meaning of a proverb. The *yitagu* and the *adisi* are important literature because they reveal many aspects of Yawo life, express their collective wisdom, reveal modes of thinking, and embody their traditional values.[2] In part, the *yitagu* and the *adisi*, together with other forms of Yawo Oral literature, are a deep reservoir from which insight can be gained into the worldview of the Yawo people.

Different types of Yawo proverbs

Yawo proverbs can be categorised into three main types: firstly there are proverbs in which no metaphor is used and in which the meaning is not

[1] The plural form of the word *citagu* in Ciyawo is *yitagu*.

[2] J.C. Chakanza, *Wisdom of the People: 2000 Chinyanja Proverbs*, Blantyre: CLAIM-Kachere, 2000, p.10.

concealed.[3] An example of this would be the proverb, *Unami wangali msyene*, Lies have no owner. This proverb's meaning is clearly understandable outside of its given context. The truth expressed here is that unlike good deeds, people do not readily own up to doing wrong, such as telling lies.

The second type of Yawo proverb is that which contains a metaphor and in which the meaning is hidden to the uninitiated, or at least the young.[4] This type of proverb uses metaphorical language and requires some interpretation. As most proverbs are generally told within a given context, a link should be made by the respondent to the proverb and the context, therefore giving them the ability to discover the meaning through reason. The metaphorical proverb is the most common form of proverb told by the Yawo. An example of this type of proverb would be, *Guluka pangali moto*, To jump when there is no fire. This proverb means that a person should not fear things that have not yet appeared.

The third type of Yawo proverb is that which depends upon a parabolic story or *adisi* for its interpretation.[5] An example of this can be seen in the following proverb and proverbial story;

94. Lelope jino waŵilile mnamba

Translation: Today only, dirtied the forktailed drongo.[6]

A drongo is a bird. It is a bird that likes to fly about in the bush looking for the place where the fire is burning. If the fire is burning in the bush the grasshoppers fly away from the flames. So one day the drongo wanted to go and catch those grasshoppers. It went with its friends and they were eating the grasshoppers. When the friends were satisfied they said to the drongo, "Let's go". But the drongo refused, saying it wanted to continue eating. About coming tomorrow it did not care. In the end the drongo was dirtied by the smoke, which was coming from the fire. You see, it was dirtied until it was black! This was because it wanted to eat only today.

---

[3] E. Gray, "Some Proverbs of the Nyanja People", *Africa Studies*, vol 3, No 3, 1944, pp. 101-102.

[4] E. Gray, "Some Proverbs of the Nyanja People", *Africa Studies*, vol 3, No 3, 1944, pp. 101-102.

[5] E. Gray, "Some Proverbs of the Nyanja People", *Africa Studies*, vol 3, No 3, 1944, pp. 101-102.

[6] The *mnamba* is a forktailed drongo.

The meaning of the proverb becomes known through the story which shows that greed or desire to get things quickly will eventually lead to disaster.

The meaning of the proverbs and stories through consensus

The majority of proverbs and stories in this collection were collected orally during my field research between the years 1998-2004. During this time I also consulted published and unpublished works that included Yawo proverbs and proverbial stories. I observed however, that there were few works of this nature and what there was, lacked consistent and accurate English translations.[7]

The interpretations that are used in this book are generally those given by the person who initially spoke the proverb or by the group to whom the proverb was spoken. However, in order to test the interpretations of the proverbs and proverbial stories I brought together twelve Yawo people from different parts of the Mangochi District for several workshops. The specific aim of the workshops was to find a consensus view of the meaning for each of the proverbs and proverbial stories collected. The people ranged in their ages, gender and backgrounds.[8] At the workshop each proverb was articulated without its original interpretation. In the case of the proverbs that are linked with a proverbial story, *adisi,* this was also told. The interpretations given at the workshop were then compared with the meanings that were given at the original telling. For the proverbs that differed greatly in their interpretations, between that of the original performance and the workshop interpretation, two interpretations have been recorded.

[7] 1) The Peace Corps, "Chiyao Trainee's Manual", 1998, pp.104-110. This manual includes a large number of Yawo proverbs. Where possible, many of these have been incorporated into this book. However, in my field testing, I found that a large number of these proverbs differed in one way or another with local versions that I had collected. In these cases the local versions were retained. A few of the proverbs in the Peace Corps manual were also not recognised locally and therefore were not included. In general, for many of the proverbs, only loose translations were given in English. At times in place of a translation, a common 'western' proverb was given instead. Finally, only a few proverbs were accompanied by their proverbial stories, *adisi*. Where this occurred these stories were only provided in English. 2) Yohanna B. Abdallah, *Chiikala Cha Wayao*, included some Yawo proverbs; of these most were not recognised today by Yawo people whom I interacted with in the Mangochi District. 3) C. Mitchell, *The Yao Village*, Manchester: Manchester University Press, 1956. Mitchell included one or two proverbs in his book.

[8] The group consisted of two women, and ten men. Five were under the age of thirty years. Five were above fifty years of age. Two of them were village headmen.

Multiple meanings of Yawo proverbs

Although proverbs and stories can have alternative meanings, I found that generally the Yawo proverbs change minimally within the majority context.[9] This may be due to the fact that the Yawo are largely a homogenous group.

Opposite meanings of Yawo proverbs

In some cultures proverbs can have the opposite meaning to the statement of the proverb. However, I have not found one case of this so far in my research of Yawo proverbs. It would seem that for an opposite meaning to be interpreted from a proverb, sarcasm would need to be part of a people's normal pattern of speech, which it is not for the Yawo.

Opposing meanings within groups of Yawo proverbs

Although an opposite meaning is never interpreted from a Yawo proverb, proverbs however can at times seem to contradict each other; they can express both extremes by stating something positively and then negatively. When there seems to be some contradiction, the context in which the proverb is told plays an important role in helping to clarify the generally held truth or principle that lies behind the proverb. "A proverb's meaning ultimately emerges from a proverb's use in a specific context; it is not the meaning of the proverb *per se* that needs be our central concern but the meaning of the proverb's performance".[10] Although an individual performance meaning is important, it is my belief that within a homogenous group of people, at a particular time in history, a performance meaning will highlight a common meaning of the proverb within acceptable limits of change to the proverb's base meaning.

Understanding the plot and structure

In some situations the presence of a proverbial story, *adisi,* may still not be enough for a non-Yawo person to understand the main point. In this case Chimombo gives several methods on how to understand the plots of such traditional stories. One method he says is to clarify which type of plot is being used in the story; "That which involves the modification of a situation

---

[9] S. Chimombo, *Malawian Oral Literature*, Zomba: Centre Social Research, 1998, p. 113.

[10] B. Kirshenblatt-Gimblett, "Toward a Theory of Proverb Meaning", in *The Wisdom of Many; Essays on the Proverb*, (eds.), W. Mieder & A. Dundes, Wisconsin: Garland, 1981, p. 119.

or that which involves transgressions and punishment."[11] This method looks for the three stages in the development of a story:

1) The initial situation.
2) The action that modifies the situation.
3) The new situation that arises as a result.[12]

Structural repetition can also give good indication as to where the story is heading:

1) Similar incidents happening to the same person or character.
2) The same incident happening to different protagonists.
3) The narrator repeating incidents verbatim.[13]

All of these are literary devices used to indicate important points in the story.

Understanding the characters

Understanding characteristics of the main characters is also an important part of understanding the central ideas of Yawo proverbs and stories. The most prolific characters in Yawo proverbs and proverbial stories are animals, birds and bugs, particularly; *litunu,* the hyena, *likungulu*, the crow/raven, *likoswe*, the rat; *lijani*, the baboon, *ndembo* the elephant; *citumbili* the monkey and various other types of birds, spiders and insects, not to mention stories whose characters are people, including strangers and chiefs.

Most generally these characters will always act in the same manner. The hyena will always be forceful, stupid and greedy, but constantly duped by the smaller quicker animals; the hare or rabbit will be wily, sly and usually a trickster; the lion will be strong and powerful but not particularly bright; the elephant will be heavy, slow and ponderous; the leopard untrustworthy and vicious, often tricked in spite of its cunning; the rat sly and cunning, the crow clever but not brave; the baboon and the monkey usually stupid and repetitive, doing things often without thought.[14] With few exceptions the animals are portrayed as thinking and acting like human beings, in human settings. By placing a prefix or an honorific title before the name of the animal; for example in Ciyawo it would be *ce Lisimba* or Mr. Lion, the narrator is able to strengthen the tie between the world of the animals and the

[11] S. Chimombo, *Malawian Oral Literature*, p. 119.
[12] S. Chimombo, *Malawian Oral Literature*, p. 119.
[13] S. Chimombo, *Malawian Oral Literature*, pp. 120-121.
[14] R. Finnegan, *Oral literature in Africa*, Oxford: Clarendon Press, 1970, p. 345.

world of humans, thus making them one in the minds of the hearers. On one level these stories are told for their sheer entertainment value, by describing the antics of various animals. However on another level, the stories about animals, birds, insects and so forth are a comment, even a satire on human society and behaviour. In this way the narrator is able to speak indirectly about the actions and characteristics of people by presenting them in the guise of animals.[15]

Translation method

For the translation into English I used 'meaning based' translation principles, as opposed to literal translation principles, as far as possible. In doing so I recognised a tension in keeping the integrity of the proverb intact, while at the same time seeking to convey the true meaning of the proverb. I believe that this has been largely achieved. However, in some instances Ciyawo words can be so very rich in meaning that it is hard to convey the meaning in just one or two English words.

At the time of this publication the Ciyawo orthography remained unset. Therefore, I have chosen to follow largely the draft orthography recently published by Centre for Language Studies, Zomba.[16] Where I have differed with this orthography I have done so with the sole desire of making the work more readable for intermediate Ciyawo readers. Moreover the orthography used in this book has been set in consultation with other publishers of Ciyawo material in the Mangochi District.

Categorising the worldview of the proverbs and stories

I have classified the proverbs and stories in this book according to the categories of worldview that they address. These worldview categories have been used by other scholars in order to help them understand the basic assumptions that people have about the world around them, which in turn can lead to a better understanding of that culture. I have placed these proverbs and stories into worldview categories in order to help readers from other ethnic groups understand how the Yawo people see and think about the world around them. The six universal worldview categories are as follows:

---

[15] R. Finnegan, *Oral literature in Africa*, pp. 350-351.

[16] *The Orthography of Ciyawo*, Chileka: E+V Publications, 2005.

1) *Self*: This category deals with the assumptions that people have about their relationship to other people, spirits and objects that they interact with in their life.
2) *Allegiance*: This category deals with the people, spirits and things that a person obeys, has agreement with, or who rule over their life.
3) *Causality*: This category deals with the assumptions that people have about the cause of events and happenings in life.
4) *Time*: This category deals with the assumptions that people have about time; the way that they view it and use it.
5) *Space*: This category deals with the assumptions that people have about physical space, including such things as the proximity required between themselves, other people, animals, objects and so forth.
6) *Classification*: This category deals with the way people categorise things; be it another person, spirit, or object; according to its likeness or difference.

Arrangement

The proverbs and proverbial stories are arranged in alphabetical order according to the first word of the Yawo proverb. The story always follows the proverb that it is explaining. An example of the layout is as follows:

9. Akasam'wona ndindi unandi, mandanda gakwe aga[17]

T: Don't see the warbler bird's smallness; these are its eggs.
Mg: Yangakomboleka kumanyilila ukombosi wa mundu pagamba kumlola.
M: It is not possible to tell a person's ability just by looking at them.
Wv: Classification.

Ŵandu ŵane ŵapite kwitinji kukusakula. Ali kweleko ŵam'weni ndindi, kakali kajuni kamwana mnope. Ŵanduwo ŵakaweni kajuniko kali mkutyocela pa cisusi. Jemanjawo ŵajawile pa cisusipo kuti mwine cakapate ŵanace, nambo ŵagasimene mandandape. Ŵanduwo ali agaweni mandandago ŵaliji mkukayicila ligongo mandandago galiji gekulungwa, kulekangana ni kandindiko. Nambo pana mundu jwine

[17] The *ndindi* is a type of warbler.

jujwayice ni kwasalila ŵanduwo kuti, "Mandanda gelega ga kandindi, mkam'wona unandiwo iyayi, gakwe gelega nditu."

Some people went to the forest hunting. Once there they saw a warbler, a very small bird. They saw it coming out of a nest. So they went to the nest hoping to find chicks, but they found only eggs. When they saw the eggs the people doubted that they were the bird's because the eggs were large unlike the small bird. Then another man came and said to them, "These eggs are the warbler's, don't look at the bird's smallness; these are its eggs."

T: indicates the English translation of the proverb.
Mg: indicates the meaning in the Yawo language.
M: indicates the meaning in English.
Wv: indicates the worldview category or categories.

Maloŵe Gandanda

Lyaliji lisiku Lyamsano, ligulo. Nambo atamose kwaliji kwigulo, kwaliji kwana lyuŵa ngaŵa lyang'anda. Nambope kuŵala kwa lyuŵa kwamti myiyiku nganikwalepelekasya kose ŵandu kuja kupikanila magambo gagaliji ku luŵala lwa mwenye m'musimo. Musi wosopewo wagungumucile ku magamboko. Ni sambano jakwanile ndaŵi jakuti juŵecete jwakwimbigwa magambojo. Jwalakweju ŵamjimbaga magambo gakwiŵa mbusi ja mjakwe jwakuŵandikana najo majumba ni kujijigala mpela jakwe. Jwakwimbigwa magambojo jwatemi malo gampepe ni ŵaŵajimi najo mbali jimo. Ŵajinji mwa jemanjajo ŵaliji acalongo acimjakwe. Cacayikasisye jemanjajo kweleko ni cakuti nombe nawo ŵaliwonaga mpela ŵaliji ŵakwimbigwa magambo, atamose kuti jwakwimbigwa magambojo jwaliji mundu jumpepe jula basi. Meso ga mwenyewo galiji gesisine mwakuti ŵawonekaga mpela ali m'lugono. Nambo kwaceni! Twagambaga kulilambusya. Ŵalakwewo ŵaliji tayali kuti pacijigambe kwana ndaŵipo atande kuŵeceta kapena kwiticisya ni mtwe wawo, mwakwilana cenene ni mwajikupita nganijo. Ŵalakwewo ŵaliji mpela ngwena jajikusalisiwucisya, naga jili mkusaka kuti nyama jilipelece ni jikamulwe. Nditu jele ndaŵiji jwakwimbigwa magambo jula jwaliji mkulitanjisya. Pelepo nikuti jwaliji juli julepele kala kumkolanga mundu jwaŵamsumisye mbusijo. Ni sambano jwapocele soni ciwusyo cine cakutyocela kwa nduna ja mwenye. Ndunajo jawusisye kuti, "Sambanotu mtusalile, mbusiji mwajipatile kwapi?" Ni jwalakwejo jwajanjile kuti, "Ku Mozambique. Nasimene ni mundu pa msika, ni jwasumisye jele mbusiji." Ndunajo jawusisye soni kuti, "Mwasumile ni cici?" Jwalakwejo jwajanjile kuti, "Aaa…. Ma…mametikashi. Uneji nagapatile gele mametikashigo ndili sumisye yakuwala ku *Cuamba* milungu jiŵili jipitejo." Ndunajo ni jatite, "Elo mametikashigo mwapelece galingwa?" Pakwanga jwalakwejo jwatite, "Aaa, aaa, aaa, 500! O! Eeee! Elo, 500." Ndunajo jawusisye soni kuti, "500 cici?" Payayice pelepa ŵandu ŵaŵaliji pa malopo ŵaliji pokopoko, kuseka ligongo ŵayiweni kuti ulendo wa kukutanjila ula ni welewo. Jwakwimbigwa magambojo jwatandite kutetemela ni kutanda kuŵeceta mwakwanguya. Jwatite, "Sya…, syaliji mbiya syasikuwonekaga syecejewu syakwanila msano." Pelepa ŵandu wosope ŵala ŵasecile mwakoposya misosi, soni mwakusangalala kwabasi ligongo ŵamanyilile kuti mundujo nganasimanyililaga mbiya sya ku Mozambiquesyo amta panandi. Jele ndaŵiji mwenye ŵaŵatendaga mpela ngwena jakuŵilila kamula nyama ŵala ŵaliji ali apalandesye meso, nambo ali citamile paŵatemi pala, ngasukuna amta panandi. Kulisiwucisya kosope kula ŵajembeceyaga jele ndaŵiji. Mwelemu ni mwayaŵelaga ndaŵi syosope. Ŵayimanyililaga kuti mbesi jakwe mpaka calitanjisyepe basi. Kuŵeceta yisyesyene, mwenyewo ŵakolaga yindu yamnono yakutenda ku nganyako, kwejinjiko kwaliji kwagamba kutama basi. Ŵalakwewo nganisyo syawo syaŵaga pakuti, '*Naga kukulindima, ajilindilile ula'*. Pelepa nikuti kwaliji kutanda kwa ulajo.

Kusekako kuli kumasile, jwakwimbigwa magambo jula jwatandite kuŵeceta soni, nambo meso gali kwa acalongo acimjakwe ŵala. Nombe najo jwatandite kuyiwona kuti ŵandu ŵala nganaŵa najo mkutula umo. Jwalakwejo jwasakaga kuti acalongo acimjakwewo akamjasa, atamose kuti yindu yalosyaga kuti ngayimjendela cenene. Jwalakwejo jwamanyililaga kuti acakulungwa ŵakala ŵatite, '*Ulongo liwupa, lyangawola'*. Ni akalaga ŵatendaga yeleyo. Nambo nombe nawo acalongo acimjakwe ŵala ŵaliji ali agambile kwinamila pasi. Kaneko jwatite, "Eja, sambano ngumbucile. Mbusiji nganisuma ni mbiya. Natesile jakucenganya ni malaja gaŵili pampepe ni mabuluku gaŵili, ngaŵa ni mametikashi gala iyayi." Ŵandu ŵala ŵasecile soni. Ŵaliwose ŵayimanyi kuti jwalakwejo jwaliji jwamtanjiletanjile.

Jumo mwa ŵandu ŵaŵasongangenewo jwagumisile mwangalosya kuti akuŵeceta ni aceni, nambo ali mkuŵeceta mwaŵaganicisyaga ŵandu wosope. Jwatite, "Apikane kaje ayi, '*Ce Litunu ŵakanile mbalika*'". Ŵandu ŵala ŵasecile soni. Ŵayimanyi kuti cele citaguci caliji cakuwona. Yisyesyene ya jele nganiji yaliji yili yimanyice. Soni magambo gala galiji gali gamasile. Nduna ja mwenye jila jaŵecete soni, jwakwimbigwa magambo jula juli jugambile kwinamila pasi. Ndunajo jalolite meso kwa mwenye ŵala, ni jatite, "Yeleyitu ni yakusatiji yila '*Asili jawukwile mbamba'*".

Mpela pelepa mwatuyiwonelemu, yakuŵecetegwa yalunda yakutyocela kwa acinangolo ŵakala nganiyiŵa yagamba kwasangalasya ŵandupe iyayi. Yikwete masengo nditu. Masengo ga yele yakuŵecetegwayi ni gakuti yikusapeleka utenga wakusosekwa mwakamulana ni ndamilo sya ŵanduwo. Yele yakuŵecetegwayi yikusakomboleka kuŵa ya yindu yayatendekwe kalakala, yakulosya lunda, ya ndamilo sya ŵandu ni yine ni yine. Yikusapeleka utengawo pakwatendekasya ŵakupikana kuti awupocele mwangasawusya. Yikusalekangana ni yampaka ajile kawupocele kakwe utengawo naga jwakuŵecetajo ali akamulicisye masengo maloŵe ganepe. Yele yakuŵecetayi yikusaŵa yakulekanganalekangana mpela yitagu, adisi, ngani syakalakala, misyungu, ndaŵi, ni yine. Yele yakuŵecetegwayi yikusaŵa yakusalala kuyipikana. Myoyo ŵandu ŵacikulile ni ŵanace ŵakwe akusayipikanila, kuyipikanicisya ni kuyikamulicisya masengo ndaŵi ni katema. Aji bukuji jikwete mitundu jiŵili ja yele yakuŵecetegwayi; yitagu ni adisi.

Citagu mpaka tucigopolele kuti gali maloŵe gakata gagakusakola utenga wekulungwa wakwamba yindu yakusosekwa nambo soni yalunda. Adisi ni ngani jakulondesya mate ga citagu. Adisi ni yitagu yili yakusosekwa ligongo yikusaŵika palangulangu yindu yejinji ya ŵandu ŵa Ciyawo. Yeleyi yikusalosya lunda lwawo, kaganisye kawo, ni yindu yakusayiŵalanjila mnope mu umi wawo. Mbali jine mpaka tujile yitagu ni adisi pampepe ni yakuŵecetegwa yine yalunda yili mpela ngokwe. Mwelemo ni mwampaka yipatikane yisyesyene yakwamba yakusati kayiwone ni kayipikanicisye kakwe ŵandu ŵa Ciyawo yacikuti kajende cilambo.

Mitundu ja yitagu ya Ciyawo

Yitagu m'Ciyawo mpaka yigaŵigwe m'magulu gatatu. Mtundu wandanda ni wa yitagu yangali yindu yakulandanyicisya, yangasisa mate gakwe ga citaguco. Pana citagu ca mgulu jeleji cakuti, '*Unami wangali msyene*'. Cele citaguci mpaka tucipikane mwaciŵelelemo. Yacikwamba cele citaguci ni yakuti yikusaŵa yakusawusya kuti mundu ajiticisye kuti atesile yakusakala, mpela kulambusya. Nambo kwangasawusya kuti mundu ajiticisye kuti atesile yindu yambone.

Mtundu wine ni wa yitagu yayikwete yindu yakulandanyicisya kuti mate gakwe gaŵe gakusisika kwa ŵanace ni ŵandu ŵangawumbala. Ni pa ligongo lyakuti mate ga citaguco gakusasisika mu cindu cakulandanyicisyaco, kukusaŵa kwakusosekwa gopopela citaguco kuti matego gamanyice. Soni pakuŵa yitaguyi yana malo gakwe gakuŵecetela malingana ni mwayikwendela yindu, kukusaŵa kwakusosekwa kuti uyiganicisye cenene yele yinduyi kuti upate mate gakwe. Yitagu yampela yeleyi ni yayitupile m'Ciyawo. Cimo mwa yitagu ya mtundu welewu ni cakuti, '*Guluka pangali moto.*' Cele citaguci cigopolela kuti mundu ukajogopaga yindu yanganiwuyiwone. Maloŵe gakuti moto m'citaguci gali gakwamba kulandanyicisya, ni gagopolela yindu yanganiwuyiwoneyo.

Mtundu watatu wa yitagu ya Ciyawo ni yitagu yayikwete ngani jakuyilondecesya kapena kuti adisi. Kwende tulole aci citaguci:

94. Lelope jino waŵilile mnamba

Mnamba cili cijuni. Cele cijunici canonyelaga kwendajenda mwitinji kupita mcisosa kwawuli upya. Naga moto uli mkolela mwitinji, yitete yikusatilaga upyawo. Sambano mnamba lisiku line wasacile kuti ukakamuleje yiteteyo. Wajigalene ni acimjakwe ni waliji mkulya yiteteyo. Paŵajikwite acimjakwe ŵala ŵawusalile mnamba kuti, "Sambano tujawuleje". Nambo, mnamba wakanile ucitiji ukusaka kupitilisya kulya. Yakuti malaŵi uciyika soni walakwe nganiwukola nayo masengo. Mapeto gakwe mnamba waŵilile ni lyosi lyakutyocela ku moto ula. Basitu, waŵilile kuti bii! Ligongo lyakusaka kulya lelope jino.

Mate ga cele citaguci gakupikanika kupitila mu adisijo. Pelepa tukuyiwona kuti kunyela kapena kuti kusaka kupata yindu mwacitema mpaka tujonanje nako yindu.

Kamulana ya mate gakwe ga yitagu ni adisi

Yejinji mwa yitagu yayili m'bukuji nayipatile pasikati ja yaka ya 1998 ni 2004. Ŵandu ŵasalilaga yele yitaguyi pa ndaŵi janajendaga m'misi kupita mciwungunya yine ni yine ya ciŵeceto ni ndamilo sya ŵandu ŵa Ciyawo. Ndaŵi jeleji naŵalangaga mabuku ni yine yakulekanganalekangana yayalembegwe m'ciŵeceto ca Ciyawo. Nambo nayiweni kuti adisi ni yitagu yelembegwe yili yamnono soni yaliji yangagopolelegwa cenene. Mate gakwe ga yitagu yayili m'buku ajino nagapataga kutyocela kwa ŵandu ŵaŵasalilaga yitaguyo. Gane nagapataga kutyocela ku likuga lya ŵandu lyanaliwusyaga. Nasonganganyaga ŵandu likumi kwisa ŵaŵili (12) ŵakutyocela m'malo gakulekanganalekangana m'boma ja Mangochi kuti angamucisye kupata mate gakwe gasyesyene. Mwa ŵele ŵanduŵa mwaŵaga mwana acacanda, acakulungwa ni aciŵenye ŵakwe; acalume ni acakongwe. Pa msonganopo citagu ni adisi jakwe yagambaga kusaligwa nambo mate gakwe ngagasala. Mate gakwe gatyocelaga kwa ŵanduwo. Kaneko mate ga ŵandu ŵa pa msonganogo twagalandanyaga ni mate ga kwacatyocele citagu kapena adisijo. Ni pana yitagu yine yayakolaga mate gaŵili gakulekangana mnope. Naga yiŵele myoyo, twagajigalaga gosopego kuŵa mpela mate gakwe ga citaguco.

Yitagu ya mate gejinji

Atamose adisi ni yitagu yikusakomboleka kola mate gaŵili gakulekangana mnope, nayiweni kuti yitagu ya Ciyawo mate gakwe gakusaŵa gakulandanila nditu, gangalekangana mnope. Yeleyi yili myoyo mnopemnope ligongo lyakuti ŵandu ŵa Ciyawo akusagamba kuŵa mpela ŵa nyumba jimo.

Yitagu yakusisyana ni mate gakwe

M'yiŵeceto yine yikusakomboleka citagu kola mate gakusisyana ni yacikuti citaguco. Nambo mu kuwungunya kwangu, pangali citagu amta cimo canacisimene campela celeci. Yeleyi yili myoyo ligongo kaŵecete kacipongwe kakuti pakuŵeceta ni kusalaga yine nambo yili mkwamba yine yakusisyana ni yeleyo, m'Ciyawo nganikatupa mpela mwayiŵelele m'yiŵeceto yine.

Yitagu ya mate gakusisyana

Atamose yili yakuwona kuti m'Ciyawo citagu ngacikusakola mate gakusisyana naco, ndaŵi sine yikusakomboleka kuti mate ga citagu cine gakusaŵa gakusisyana ni ga citagu cijakwe. Komboleka kucisimana citagu cakukulimbikasya kuti utendeje, ni kucisimana soni cine cakukulekasya kutenda cindu cimpepepeco. Naga yiŵele myoyo, yikusasosekwa kulola ngani mwajiŵelele kuti mpaka citaguco ciŵecetegweje. Yeleyi ni yampaka yikamucisye kupata yacikwamba citaguco. Mate ga citagu gakusapikanika malingana ni yatite kakamulicisye masengo citaguco, paganicisya soni ngani jakwe. Ni uwe cakuciganicisya mnope cikaŵaga citaguco iyayi nambo mnopemnope malo gacikamwile masengo. Nambope soni, mate ga citaguco pajikape gakusaŵa gakusosekwa nditu. Yeleyi yikusaŵa myoyo ligongo mwatuŵecetelepe mula kuti ŵandu ŵa Ciyawo akusaŵa mpela ŵa nyumba jimo. Ni yanguti kuyiwonayo, kalakalako citagu cilicose cakwete yacagambaga yacitamile yanganiyicengaga.

Kupikanicisya adisi

Ndaŵi sine, atamose citagu cikole adisi jakwe, kukusaŵa kwakusawusya kuti mundu jwanganaŵa jwa Ciyawo alokote mtwe usyesyene mu nganijo. Pa ligongo lyeleli, mundu jwine lina lyakwe ce Chimombo jwalembile ya matala gejinji gakamucisya kuyipikana yakuŵecetegwa mpela yeleyi. Litala lyandanda lyajwapelece jwalakwejo ni lyakulondesya yayikutendekwa m'citagu kapena adisijo. Yeleyi mpaka yiŵe yakwamba kulinganya yindu yayisokonecele, kapena yakwamba yileŵi ni yakuyicisya yakwe. Litala lyeleli likusasosa kuti ulole yindu yitatu yakusosekwa kuti nganijo jiyice pakuŵa ngani. Yindu yakwe ni ayi:

1) Mwayiŵelele yindu pandanda.
2) Cindu cacitendekasisye kuti yinduyo yisinde.
3) Mwayiŵelele yindu pakumalisya ligongo lya kusinda kwa yinduko.

Kuwilisigwa kwa maloŵe gane ni gane mpaka kukamucisye soni kulosya kwajikwinjilila ngani. Yeleyi yikusaŵa yindu mpela:

1) Yindu yakulandana kwambaga kumtendecela mundu kapena cindu cimpepepeco.
2) Cindu cimpepepeco kwatendecela ŵandu kapena yindu yiŵili yakulekangana.
3) Jwakulondecesya nganijo kuwilisya maloŵe ndendende mpela mwaŵecetele pandanda.

Yindu yosope yatuyikolasileyi ni yampaka yikukamucisye kuti ulokote mitwe jisyesyene mu ngani.

Kwapikanicisya ŵandu ni yindu yayili m'yitagu ni adisi

Kuyipikanicisya yitendo ya ŵandu kapena yindu yayikujigala mbali jekulungwa mu ngani sya Ciyawo kukusakamucisya kuyipikana yisyesyene yayikutendekwa mu nganijo. M'yitagu ni adisi sya Ciyawo, mbali jekulungwa jikusajigaligwa ni yinyama, yijuni ni tulombo. Mwa yeleyi, yayikusajigala mbali mnope ni litunu, likungulu, likoswe, lijani, ndembo, citumbili, yijuni yakulekanganalekangana ni tulombo twine ni twine. Mwana soni ngani syakuti ŵakujigala mbali ŵakwe akusaŵa ŵandu, ndaŵi sine acalendo mwine soni aciŵenye.

Kaŵilikaŵili yitendo ya jwakujigala mbali mu nganijo yikusaŵa yakulandanila nditu mu ngani jine jilijose jacajigale mbali. Ce Litunu akusakangala kuŵa ŵakujijilika, ŵakuloŵela, ŵawumbombo, nambo soni ŵangakaŵa kuloŵela naga tunyama twakalamuka twaŵanaŵana twaloŵesye. Ce Kalunga akusaŵa ŵakalamuka, ŵawulamba nambo soni ŵakwanonyela kwaloŵesya ŵane. Ce Lisimba akusaŵa ŵamacili kwabasi, nambo ŵangali lunda mnope. Ce Ndembo akusaŵa ŵacisyewu ligongo ali ŵakulungwa cilu. Ce Cisuŵi akusaŵa ŵangakulupicika, ŵangalwe, ŵakalamuka, nambope ndaŵi syejinji akusaloŵela ni yinyama yine. Ce Likoswe akusaŵa ŵawulamba, nambo soni ŵakalamuka. Ce Likungulu akusaŵa ŵakalamuka nambo ŵawoga kwabasi. Ce Citumbili ni ce Lijani akusaŵa ŵakuloŵela, ŵakwambaga kuwilisyawilisya kutenda yindu yiyoyopeyo, nambo soni ŵangaganisya pakusaka kutenda yindu. Ndaŵi syejinji yele yinyamayi mu nganimo yikusatenda yindu mpela mwakusatendela ŵandu. Pakusaka kuyitendekasya yinyama ya mu nganijo kuti nditu yiŵe mpela ŵandu, jwakusala nganijo ngakusagamba kulikolanga lina lya cinyamaco, nambo akusaŵika kaje maloŵe gakuti 'ce'. Mpela lisimba akusalitenda 'ce Lisimba'. Yeleyi akusatenda ni cakulinga cakuti jwakupikanila nganijo akalekanganya yitendo pasikati ja ŵandu ni yinyamayo. Ndaŵi sine syele nganisi sikusasaligwa ligongo lyakwamba kusaka kuti ŵandu aseceje pakuyisala yitendo yine ni yine ya yinyama yayikusaŵa yakulosya kuloŵela. Ni pana soni ndaŵi sine syasikusaŵecetegwa ngani sya yinyama, yijuni, tulombo ni yindu yine pakusaka kuŵeceta ya ŵandu, ndaŵi sine mwine kuyicembulusya kwene yitendo ya ŵandu ni ndamilo syawo. Jwakuŵeceta nganijo akusaŵeceta mwakwasyungulila ŵanduwo pakujigala yitendo yawo ni kuyipa yinyama.

Gopolela m'Cisungu

Pagopolela yitagu ni adisi m'ciŵeceto ca Cisungu, nakuyaga litala lyagopolela lyalikusasacilila mnopemnope mate gakwe ga maloŵe, ngaŵa gamba gopolela liloŵe limolimo mwakuya yatite kalembe m'Ciyawo iyayi. Panatendaga myoyopo soni nalolecesyaga kuti ngatondoya macili ni kucimbicika kwa citaguco, mbali jineji ndili mkulolecesya kuti mbelece mate gakwe gasyesyene. Ngukulupilila kuti kwejinjiko yeleyi nayikombwele. Nambope ndaŵi jine yikusasimanikwa kuti maloŵe gane ga Ciyawo gakusakola mate gane mwakuti kukusaŵa kwakusawusya kuti ugopolele liloŵe pakwamba kamulicisya masengo liloŵe limo kapena gaŵili ga m'Cisungu.

Mpaka kwikana ndaŵi janamalisyaga kutenda yosope yakosecela kuti bukuji jikopoce, kalembe kakwe kasyesyene ka maloŵe gane ga m'Ciyawo kaliji mkanikaŵe kumanyika. Myoyo une ngambile kulemba gele maloŵega pakuya yaŵatite ŵa *Centre for Language Studies*, Zomba. Nambope pana maloŵe gane ni gane gandindene kalembe kakwe ni jemanjawo. Yeleyo ndesile ni cakulinga cimpepe, cakwakamucisya ŵakuŵalanga kuti aŵalanjeje mwangalaga nago mnope maloŵego. Nambo soni kalembe kangamulisye masengo m'buku jeleji kakamulana ni yagakuti kalembe makuga gane m'boma ja Mangochi.

Kuyiŵika yitagu ni adisi m'magulu

Adisi ni yitagu yayili m'bukuji nayiŵisile m'magulu msano ni jimo malingana ni cijiganyo cekulungwa ca citagu kapena adisijo. Magulu gelega ŵandu ŵane pa cilambo capasi akusakamulicisya masengo pakusaka kupikanicisya cenene yakwamba ndamilo sya ŵandu ŵane. Nayiŵisile yeleyi m'magulu gelega pakusaka kwakamucisya ŵandu ŵa mitundu jine kuti apikanicisye cenene mwele ŵandu ŵa Ciyawo akusaciwonela cilicose mu umi wawo (*worldview*).

Magulu msano ni jimo ga *worldview* ni aga:

1) *Self*: Gulu aji jikusaŵeceta yakwamba ulongo wawuli pasikati ja mundu ni mundu julijose kapena cindu cilicose mu umi wakwe.
2) *Allegiance*: Gulu aji jikusaŵeceta yakwamba yindu yele ŵandu akusayipikanila, kamulana nayo ni kuyikulupilila mu umi wawo.
3) *Causality*: Gulu aji jikusaŵeceta yakwamba yindu yayikusatendekasya kuti yindu yine yitendecekweje.
4) *Time*: Gulu aji jikusaŵeceta yakwamba yawukusati kajiganicisye ni kajikamulicisye masengo ndaŵi.
5) *Space*: Gulu aji jikusaŵeceta yakwamba mwakusaliwonela ŵandu yatite katalikangane kapena kaŵandikane ni mundu jwine kapena cindu cine.
6) *Classification*: Gulu aji jikusaŵeceta yakwamba mwele ŵandu akusapwatikanya kapena kulekanganya yindu malingana ni mtundu wakwe.

Mndandanda wakwe

Adisi ni yitaguyi yiŵicigwe mu mndandanda pakuya mndandanda wa yilembo wakolanjigwa kuti Alifabeti (*Alphabet*). Naga citaguco cana adisi jakwe, adisijo jikuŵaga jakuyicisya ku citaguco. Yili mpela myi:

9. Akasam'wona ndindi unandi, mandanda gakwe aga

T: Don't see the warbler bird's smallness, these are its eggs.
Mg: Yangakomboleka kumanyilila ukombosi wa mundu pagamba kumlola.
M: It is not possible to tell a person's ability just by looking at them.
Wv: Classification.

Ŵandu ŵane ŵapite kwitinji kukusakula. Ali kweleko ŵam'weni ndindi, kakali kajuni kamwana mnope. Ŵanduwo ŵakaweni kajuniko kali mkutyocela pa cisusi. Jemanjawo ŵajawile pa cisusipo kuti mwine cakapate ŵanace, nambo ŵagasimene mandandape. Ŵanduwo ali agaweni mandandago ŵaliji mkukayicila ligongo mandandago galiji gekulungwa, kulekangana ni kandindiko. Nambo pana mundu jwine jujwayice ni kwasalila ŵanduwo kuti, "Mandanda gelega ga kandindi, mkam'wona unandiwo iyayi, gakwe gelega nditu."

Some people went to the forest hunting. Once there they saw a warbler, a very small bird. They saw it coming out of a nest. So they went to the nest hoping to find chicks, but they found only eggs. When they saw the eggs the people doubted that they were the bird's because the eggs were large unlike the small bird. Then another man came and said to them, "These eggs are the warbler's, don't look at the bird's smallness, these are its eggs."

T: Jikulosya kapikanice ka citaguco cili cigopolelegwe m'Cisungu.
Mg: Jikwimila mate gakwe kapena kuti kulondecesya yacikwamba citaguco m'Ciyawo.
M: Jikwimila mate gakwe ga citaguco nambo m'ciŵeceto ca Cisungu.
Wv: Jikulosya gulu jacili cele citaguco pakuya yatutite yila '*worldview*'.

Yawo Proverbs and Stories
Yitagu ni Adisi sya Ciyawo

1. **Acakulungwa ni mwilambo mwakusimila moto**

T: Elders are the damp ground who extinguish the fire.
Mg: Acakulungwa ni ŵakusamasyaga yakusawusya yayitandite ŵanace.
M: The elders are the ones who end the problems started by the children.
Wv: 1) Classification.

2. **Aci cambone, aci cambone, ce Citumbili ŵagwile calugali**

T: This is good, this is good, Mr. Monkey fell on his back.
Mg: Ngatendaga yindu yiŵili ndaŵi jimo.
M: Don't do two things at one time.
Wv: 1) Causality; 2) Time.

3. **Aci kunong'a, aci kunong'a, citumbili cagwile pasi**

T: This is nice, this is nice, the monkey fell down.
Mg: Ngatendaga yindu yiŵili ndaŵi jimo.
M: Don't do two things at one time.
Wv: 1) Causality; 2) Time.

Japali ndaŵi jine jajaliji ndaŵi ja yisogosi. Ni ndaŵi jelejo ce Citumbili ŵaliji mkwendajenda ali mkupita mcisosa yakulya ligongo jakwete sala. Ni ali mkwenda, mwawupile ŵayisimene yitela yiŵili ya yembe yejiwu cenene. Sambano ce Citumbili pakuti jakwete sala mnope ni ŵayice pa malo pala mwakusangalala ali ayiweni kuti sambano capate kulya. Ce Citumbili ŵalolite yitela yosope ni ŵayiweni kuti mosope mwasogwele yembe ni yajiwile cenene. Ce Citumbili ŵatandite kwela mcembe umo ni kutanda kulya yembe yila. Kaneko ŵatite, "Bola ngakwele mcembe awo! Wana yembe yambone." Basi ŵatulwice mwemula ni kuja kwela mcembe wine ula. Nombe namo kutanda kulya ni kuyiwona kuti amuno nganiyijiwula cenene, nambo njawule mcembe ulawula. Basi ce Citumbili ŵaliji mkutenda myoyo, kuja awu mcembewu ni kutuluka ni kuja mcembe wine, ligongo mosopemo yembeyo yajiwile cenene. Pakuŵa yembe yila yajiwile cenene micembe jinajiŵili, mwanjawo ŵasakaga kuti yosope yeneyo alye jikape. Sambano ali mkulya yembeyo ŵajikwite. Nambo ligongo lya kusalala kwa yembeyo nganasakaga kuyileka. Pamapeto pakwe ce Citumbili ŵajikwite mnope, nambo ŵagambaga kulyape mpakana lutumbo lwawo lwawulice, kaneko ŵagwile pasi ni ŵawilile papopo.

There was a certain time when it was time for fruit. At that time Mr. Monkey was moving up and down looking for food because he was hungry. As he was moving he luckily found two mango trees with good ripe fruit. As Mr. Monkey was very hungry he was happy to come to that place because he realised he would now eat. Mr. Monkey looked at both trees and saw good mangoes that were ripe. Mr. Monkey started to climb one tree and began to eat the mangoes. Then he said, "Better that I go and climb in that tree, it has good mangoes." He climbed down that tree and went to climb up the other tree. He started eating in that tree and again he saw that this tree did not have good ripe fruit, but the other tree. Mr. Monkey continued doing this; going from one tree to another, because both trees had good ripe fruit. Because both trees had good ripe mangoes Mr. Monkey wanted to eat all of them himself. As he was eating he became full. However, because those mangoes were good he did not want to leave the trees. In the end Mr. Monkey was too full, but he just kept eating until his stomach burst, then he fell down and there he died.

Aci kunong'a, aci kunong'a, citumbili cagwile pasi

This is nice, this is nice, the monkey fell down

4. Acisuŵi kunondiya ya ajawo, nambo yawo akutenda kuwuta

T: The leopard belittles what his friend gets, but his own he drags along.
Mg: Ngagacembulusyaga masengo gamnono ga ŵane kutendaga gawo gali gamti myoyo.
M: Don't speak badly about other people's small achievements, when yours are just the same.
Wv: 1) Causality.

Cisuŵi ni cinyama cacikusakamula yinyama yijakwe. Ndaŵi syejinji cele cinyamaci cikusakamulaga yinyama yekulungwakulungwa. Lisiku line ce Cisuŵi ŵawuleje yinyama yekulungwakulungwa. Ni ali ŵaweni acimjawo ŵaŵakamwile yinyama yamwanamwana, ce Cisuŵiwo ŵatandite kwaseka. Ŵalakwewo ŵatite, "Uwe ni acalume naga pa ngani jakamula yinyama yekulungwakulungwa, ngaŵa jemanja! Mlepeletu kamula yinyama yekulungwakulungwa mpela yanguyi. Pakwete pamkamwile yinyama yamti mpela ayi jemanja?"

Lisiku line ce Cisuŵiwo ŵapite soni kukusakula yinyama mpela mwaŵatendelaga masiku gane gosope. Nambo lyele lisikuli ŵalakwewo ŵalepele kamula cinyama cine cilicose. Paligongo lyeleli, ce Cisuŵiwo ŵagambile ganisya yakamula ciŵalaka. Ali atesile myoyo, ŵalakwewo ŵamanyilile kuti pacayiwone yele yinduyi acimjawo ciŵasece kuti, "Kwalole ayino! Ce Cisuŵi akamwile ciŵalaka." Myoyo ce Cisuŵiwo ŵajigele lukonji ni ŵacitaŵilile ciŵalakaco. Kaneko ŵatandite kuciwuta ni cakulinga cakuti acimjawowo akayimanyilila kuti ŵalakwewo ŵakamwile ciŵalaka lisiku lyelelyo.

A leopard is an animal that kills other animals and often these are large animals. One day Mr. Leopard killed some big animals. When he saw his friends who had killed some small animals he began to laugh saying, "We are the ones, when it comes to killing large animals, not you. You have failed to kill large animals like mine. Have you ever killed animals like these?"

Another day Mr. Leopard went to hunt animals as he was doing on all other days. But this day he failed to kill any animal at all. Because of this he just thought he would kill a grasshopper. So this is what he did. As he did this he knew that on seeing the grasshopper his friends would laugh, saying, "Ah look at these things! Mr. Leopard has caught a grasshopper!" So then Mr. Leopard took a rope and tied the grasshopper to it. Then he began to drag it along behind so that his friends would not know that he had caught a grasshopper on that particular day.

5. Acitambwali ŵangamyolana mbala

T: Tricksters cannot shave each other's heads.
Mg: Ŵandu ŵakalamuka ngaŵa mkuloŵesyana.
M: Rascals are not able to fool each other.
Wv: 1) Causality.

6. Agumile mesi mkanigayice m'lukosi

T: Shout before the water reaches your neck.
Mg: Kutendaga kandu, yindu mkaniyiyice pakusawusya.
M: Take action before things become worse.
Wv: 1) Causality.

7. Ajomboce mkanigayice m'malungo

T: Cross before it reaches your knees.
Mg: Kutendaga kandu, yindu mkaniyiyice pakusawusya.
M: Take action before things get worse.
Wv: 1) Causality.

8. Akam'wona kuwuka

T: Do not see him dirty.
Mg: Ngamnyosyaga mundu ligongo lya kawonece kakwe.
M: Don't despise a person because of their appearance.
Wv: 1) Classification.

9. Akasam'wona ndindi unandi, mandanda gakwe aga

T: Don't see the warbler bird's smallness, these are its eggs.
Mg: Yangakomboleka kumanyilila ukombosi wa mundu pagamba kumlola.
M: It is not possible to tell a person's ability just by looking at them.
Wv: 1) Classification.

Ŵandu ŵane ŵapite kwitinji kukusakula. Ali kweleko ŵam'weni ndindi, kakali kajuni kamwana mnope. Ŵanduwo ŵakaweni kajuniko kali mkutyocela pa cisusi. Jemanjawo ŵajawile pa cisusipo kuti mwine cakapate ŵanace, nambo ŵagasimene mandandape. Ŵanduwo ali agaweni mandandago ŵaliji mkukayicila ligongo mandandago galiji gekulungwa, kulekangana ni kandindiko. Nambo pana mundu jwine jujwayice ni kwasalila ŵanduwo kuti, "Mandanda gelega ga kandindi, mkam'wona unandiwo iyayi, gakwe gelega nditu."

Some people went to the forest hunting. Once there they saw a warbler, a very small bird. They saw it coming out of a nest. So they went to the nest hoping to find chicks, but they found only eggs. When they saw the eggs the people doubted that they were the bird's because the eggs were large unlike the small bird. Then another man came and said to them, "These eggs are the warbler's, don't look at the bird's smallness these are its eggs."

10. Akuliti, ajawo ali ngakwati

T: Himself he does, his friend does not.
Mg: Kutenda kwa ajawo, ŵele ali ngakwatendela.
M: Doing for another, while they don't do it for you.
Mg 2: Ulongo wa mbali jimpepe.
M 2: It is not a reciprocal relationship.
Wv: 1) Self.

11. Akwasaka atalice

T: They want him, he is far away.
Mg: Mundu jukusawoneka jwacabe uli mkutama najo, nambo juli jutyosile ukusakumbucila yambone yajutesileje.
M: A person appears to be bad while they are staying with you, however when they have gone you remember the good things they have done.
Wv: 1) Time; 2) Space.

12. Amawone! Jangapata, nambo eja![18]

T: Oh no! Does not find, but yes!
Mg: Kudandawula kwangakamucisya, nambo kwiticisya.
M: To worry does not help, but acceptance does help.
Wv: 1) Causality.

13. Andape andape, ŵalinyelanjile manyi m'katonga

T: Praise me, praise me, soiled his underpants.
Mg: Ngalikwesyaga nampanji kwaluka.
M: Don't boast as you may become ashamed.
Wv: 1) Causality.

Ŵandu ŵane ŵaliji pa ulendo wa pa basi. Mwelemo jwapali mundu jujwawete cenene. Mundujo jwawete suti jakusalala. Ŵandu ŵajinji ŵamkumbisile mwakuti jwalakwejo jwatandite kulikwesya. Sambano ndaŵi jakwanile jakuti m'matumbo mwakwe mwasacile kuti julikamucisye. Nambo ligongo lyakuti jwaliji jwakucimbicikwa m'basimo, jwatesile soni kuti jwasalile ŵakwendesya. Myoyo, jwasacile kuti jugambe kupilila. Nambope, ligongo lyakuti m'matumbomo mwalimbicile, mundujo mpaka jwalijapucile. Ŵandu ŵatandite kumseka ligongo jwalakwejo jwasacile kuwoneka jwakucimbicikwa. Nambo mbesi jakwe jaliji jakutesya soni.

Some people were on a journey on a bus. In the bus there was a well dressed man who wore a beautiful suit. Many people were admiring him and he started to become proud. After some time he needed to relieve himself. But because he was honoured in the bus he was too ashamed to tell the driver to stop. So he just wanted to endure it. Because of this, the feeling in his bowel became stronger and he opened his bowels in his pants. The people started to laugh at him because he had wanted to look honourable, but in the end it was shameful.

---

[18] *Amawone* is the shortened version of *mama ŵangu*, my mother! It is an exclamation used by people when they meet a disaster of some sort.

14. Andende ajuno ŵam'wuleje mwenye

T: Praise me here, killed the chief.
Mg: Kusaka kuwoneka mpela mundu jwakumanyilila pa masengo ga mundu jwine ukusayiwona yipwetesi.
M: The desire to appear like a person of knowledge in regard to someone else's business will result in pain.
Wv: 1) Causality.

15. Angwena kuliwutanga m'cipale[19]

T: Mr. Crocodile dragging himself in the shallow water.
Mg: Ngajuŵililaga ŵandu kuti uyiwone yakutenda.
M: Do not hide so that you can see what people are doing.
Wv: 1) Space.

16. Apa lipuluputu, apo lipuluputu

T: Here a buttock, there a buttock.
Mg: Ŵandu ŵangasangalala ni mundu jwakusamasama mnope.
M: The person who moves around a lot is seen negatively by others.
Wv: 1) Classification.

17. Asili jawukwile mbamba

T: The secret was uncovered by the ants.
Mg: Yakusisika yosope yicimanyika.
M: All secrets will become known.
Wv: 1) Causality.

18. 'Atame ngwisa', nganikuŵa kuŵeceta

T: 'Sit I am coming', is not speaking.
Mg: Ngatendaga unami naga upangene ni mundu.
M: You should not be deceptive when making arrangements with others.
Wv: 1) Causality.

---

[19] This *citagu* is also an initiation advice, *msyungu*.

19. Baba ŵakuŵilila, mwanace jwakuŵilila

T: Dirty father, dirty son.[20]
Mg: Yakutenda acinangolo ŵanace akusasyasya.
M: Children do what their parents do.
Wv: 1) Causality.

20. Bitotolo jangapya mboga mu mbale

T: Slowness does not cook the relish in the plate.
Mg: Kutenda yindu mwakokoŵa ukusalepela kuyimalisya.
M: Doing things too slowly will not complete the task.
Wv: 1) Causality.

21. Caciweni ajenu cipite, malaŵi cili penumwe

T: What your friend has seen, it is gone; tomorrow it is on you.
Mg: Ngasekana pa yipwetesi, ligongo wosope tukusalaga.
M: Don't laugh at one another's pain, because we all suffer.
Wv: 1) Causality.

22. Cakulijimbasya liguluŵe cangamanyika[21]

T: That which makes the pig fat is not known.
Mg: Pakupatila upile pangamanyika, myoyo kulingagape.
M: The way to success is not known, therefore keep trying.
Wv: 1) Causality.

---

[20] *Mwanace* means child in Ciyawo, however the meaning of the *citagu* in this case would imply 'son' as this matches with the gender of the father.

[21] *Kulokotelalokotela cakulijimbasya liguluŵe cangamanyika.* This is another version of the same *citagu.*

23. Cakusakala cikusamkuya msyene

T: A bad deed always follows the owner.
Mg: Mundu jukusasimana ni yipwetesi ligongo lya yakusakala yajutesile.
M: A person will bear the consequences of the bad things they have done.
Wv: 1) Causality.

24. Cakuyimba cangatumbuka cangagonesya lugono

T: The unlanced boil does not allow sleep.
Mg: Mundu ngawukusagona lugono naga ukwete yakusawusya.
M: A person will not sleep well if they have unresolved problems.
Wv: 1) Causality.

25. Cakwika cangagomba ngoma

T: That which is coming does not beat a drum.
Mg: Yakutendekwa kusogolo yangamanyika.
M: Future events are not known.
Wv: 1) Time.

26. Cala cangamlanjila mbujegwe

T: A finger does not point at its owner.
Mg: Mundu jwangaŵeceta yakusakala yakwe.
M: A person does not speak about their own faults.
Wv: 1) Self; 2) Causality.

27. Cala cimo cangatusula njipi

T: One finger cannot squash a louse.
Mg: Mundu mwajikape ngaŵa mkombola kutenda yindu yakusosekwa ŵandu ŵajinji.
M: A person who is alone is not able to do things that require many people.
Wv: 1) Self.

28. Calikanice liŵata, nguku ngamila

T: The thing which the duck has failed, a chicken cannot swallow.
Mg: Cindu calepele ŵakulungwa, mwanace ngaŵa mkucikombola.
M: If an adult has failed to do something, a young person will not be able to do so.
Wv: 1) Classification.

Calikanice liŵata, nguku ngamila

The thing which the duck has failed, a chicken cannot swallow

29. Calilepele lijani kwela, citumbili ngaŵa mkwela

T: That which a baboon has failed to climb, a monkey cannot climb.
Mg: Cindu calepele ŵakulungwa, mwanace ngaŵa mkucikombola.
M: If an adult has failed to do something, a young person will not be able to do so.
Wv: 1) Classification.

30. Canasa cam'wuleje msepamatuli

T: Mercy killed the mortar maker.
Mg: Kutenda canasa mwangaganicisya mpaka kukupe yipwetesi.
M: To show kindness without thinking can invite painful consequences.
Wv: 1) Causality; 2) Self.

31. Canasa cawuleje ce Ngwale

T: Mercy killed Mr. Partridge.
Mg: Kutenda canasa mwangaganicisya mpaka kukupe yipwetesi.
M: To show kindness without thinking can invite painful consequences.
Wv: 1) Causality; 2) Self.

Kalakala, cilambo cili mwali, ngwale syatajilaga mandanda m'citela, nombe nago majoka gatajilaga pa mkuli.

Lisiku line kwapali upya mwitinji. Yinyama yejinji yatilile kwakutalika, kogopa kuwa. Yinyama yosope yayakwete ngongolo yawutwice mnope. Yinyama yamapapiko yagulucile kwakutalika, nombe yamaŵamba yatisisye umi.

Sambano lijoka lyapite kuwonegana ni ngwale kuti jikalikamucisye. Ngwale jalitendele canasa lijoka ligongo jamanyilile kuti pangakaŵa motowo ciwukalipate lijokalyo. Ni ngwalejo jaganisisye kuti lijokalyo lijisyenje ngwalejo pa lukosi, ni jiguluce nalyo. Pajagulwice kwawula kwakutalika, ngwale jalisalile lijokalyo kuti sambano lilisyenjekule, nambo lijokalyo lyakanile. Lijoka lyajiminyile ngwale jila pa lukosi pala mpaka ngwalejo jawile.

Long ago, when the world was still young, partridges laid their eggs in nests in trees and snakes laid their eggs in nests on the ground.

One day there was a big fire in the forest. Many animals fled to other places, fearing death. Those animals with legs ran for their lives. Those with wings flew away, and the reptiles wriggled for safe places.

A snake approached a partridge for help. The partridge felt sorry for the snake and knew that soon the fire would reach the snake. The partridge suggested that the snake should coil itself around the partridge's neck so they could fly away together. After flying to a far away place, the partridge asked the snake to uncoil itself, but the snake refused. The snake tightened its grip until it killed the partridge.[22]

[22] An English version of this *adisi* was first cited in Peace Corps, "Chiyao Trainee's Manual" 1998, p. 105.

Canasa cawuleje ce Ngwale

Mercy killed Mr. Partridge

32. Cangamtuma, cangasala

T: That for which you have not been sent, is not to be told.
Mg: Ngasalaga asili ja ŵandu ŵane, kutendela kuti ucisimana ni yakusawusya.
M: Don't reveal the secrets of other people because doing so may bring you trouble.
Wv: 1) Causality.

Jwapali mundu jwine jujwapite kwitumbi kukata yitela yakulinganyicisya nyumba jakwe. Pajwayice kwitumbiko jwajesilejesile kupita mcisosa yitelayo. Ni juli mkwendajenda myoyo jwayice malo gane gakwe pajwaciweni cikalakasa ca mundu jujwawile kalakala. Mundu jula juli juyice pepala jwatandite kuŵeceta jika kuti, "Kanga cele cikalakasaci mundu jwakwe cam'wuleje cici?" Ni jwagambile kwima ni gambaga kucilola cikalakasa cila. Cikalakasa cila capikene yajwaŵecete mundujo ni cajanjile kuti, "Une pambuleje pakamwa". Mundu jula pakuŵa jwaliji jika, juli jupikene yeleyi jwasimonjile mnope pakuŵa cikalakasa cangaŵeceta soni cangali pakamwa. Cikalakasa cila cawilisye soni kuŵeceta kuti, "Une pambuleje pakamwapo". Sambano pelepo mundu jula jwasimonjile mnope ni jwatite, "Nambo ayi yakuŵeceta cikalakasayi nganinayiwoneje mwakuti yikunjogoya kwabasi, bola njawuleje ku nyumba". Mundu jula jwalesile kata yitela yila ni jwatandite kwawula ku nyumba jakwe. Juli juyice ku nyumba kula ŵandu ŵasimonjile ni ŵam'wusisye kuti, "Ana ligongo cici mgamba kuwuja ngajigala yitela?" Mundu jula nganijupililila ni jwatandite kusala yeyila kuti, "Une naciweni cikalakasa ca mundu. Ni naliwusisyeje jika kuti, 'Kanga cikalakasa celeci mundu jwakwe cam'wuleje cici?' Ni cikalakasaco cijanjile kuti, 'Pakamwapo'. Yeleyi yitendekwe kakwana kaŵili, ni une yinjogweye. Ni ligongo lyakwe mbusile." Ŵandu ŵala ŵamkanilaga mundujo kuti, "Yangakomboleka cikalakasa kuŵeceta." Mundujo jwasimicisye ŵanduwo kuti, "Naga ngakungulupilila une, kwende tujawule. Une cingaciwusye. Naga ngacikuja kwanga jemanja ajigale yikwanje yawo ni akambulaje une." Paŵapikene gele maloŵego, ŵanduwo ŵajigele yikwanje yawo ni kulongana ni mundujo kwitumbi kula. Ali ayice kweleko, yakuwona cikalakasaco ŵacisimene. Mundu jula jwatandite kuciwusya cikalakasaco. Ŵandu ŵala ali agambile kwima. Nambo yacanasa yaliji yakuti cikalakasaco nganicijanga. Jwaciwusisye kakwana katatu, nambope nganicijanga. Pelepo ŵanduwo ŵam'weni mundujo kuti juli jwawunami. Ni ŵajigele yikwanje yawo ni kutanda kumkapa mundujo mpaka jwawile.

There was a certain person who went to the mountain to cut some trees to fix his house. While at the mountain he began searching for trees. As he was wandering about he reached a certain place where he saw a skull of a person who had died long ago. When the man went near, he began talking to himself saying, "What killed the owner of this skull?" He just stood there and continued looking at the skull. But when the skull heard this, it responded saying, "It is the mouth which killed me." The man, being alone was amazed to hear a skull speaking, for skulls don't speak and it did not have a mouth. Once again the skull spoke to the man saying, "It is the mouth that killed me." This surprised the person so much that he said, "I had better go home because I have never seen this before and I am afraid." The man stopped cutting down trees and started to go back home. When he reached home people were surprised and they asked him, "Why are you coming back so early without bringing trees?" The man did not keep it to himself and he started to reveal the secret. "I saw a human skull and I began to say to myself, 'What killed the owner of this skull?' And the skull said, 'It is the mouth that killed me.' It happened twice and this amazed me and that is why I am coming back." But the people argued with him saying, "It is impossible for a skull to speak." The man assured them saying, "If you don't believe me, come with me. I will ask it, if it does not answer then you can kill me with your panga knives." When the people heard this they took their panga knives and went with him to the mountain. When they arrived there, they saw the skull indeed. The man began to ask the skull the question while the others just stood there. Unfortunately the skull did not respond. He asked three times, but it did not answer. The people then found the man to be a liar and they took their panga knives and they began to stab him until he died.

33. Cangapikana ŵacitelecele mwiponda

T: The one who didn't listen was cooked with the leaf vegetables.
Mg: Makani gakusakupa yakusawusya.
M: Not listening to other people's advice leads to meeting with problems.
Wv: 1) Causality.

Ŵakongwe ŵane ŵakaŵile liponda mwitimbe ni ŵayice nalyo ku nyumba. Kweleko ŵajigele mesi ni ŵacapile liponda lila, kuti atyosye luwundu ni tulombo twakutama mwiponda. Nambo cilombo cine catesile makani, cakanilile mwiponda mula. Ŵakongwe ŵala nganamanyililaga kuti paliji pana cilombo cine cacakanilile mwipondamo. Ŵalijigele lipondalyo ni ŵalitelece. Lipondalyo lyapile, ni paŵatasile mu mbale, ŵaciweni cilombo cine cili cisigalile. Ni ŵatite, "Aaa! Cilombo cangapikana ŵacitelecele mwiponda. Une ngaŵa nacapile pepala kuti cikasimanikwa cilombo cilicose?" Kaneko ŵandu ŵatite, "Cangapikana ŵacitelecele mwiponda."

A certain woman went to the garden to cut leaf vegetables and then returned with them to the house. Once there she washed the leaf vegetables with water in order to remove the dirt and bugs that were on them. But there was a certain bug that refused to leave from the leaf vegetables and it remained there. But the woman didn't know that the bug refused to go. Then the woman took the leaf vegetables and cooked them. The leaf vegetables were cooked and she poured them into a bowl and she saw the bug that had remained behind. "Ah!" said the lady, "The bug that did not listen was cooked with the leaf vegetables. Did I not wash here, so that no bugs would be found?" Then people said, "The one who didn't listen was cooked with the leaf vegetables".

Cangapikana ŵacitelecele mwiponda

The one who didn't listen was cooked with the leaf vegetables

34. Ce Kalunga ŵapikene liloŵe lyandanda[23]

T: Mr. Hare heard the first word.
Mg: Ganisyaga cenene mkaniwuŵecete, ligongo maloŵe gandanda gakusalosya yakuwona.
M: You should think before speaking, because the first words often express the truth.
Wv: 1) Causality.

35. Ce Kalunga ŵatumile ce Ndembo

T: Mr. Hare sent Mr. Elephant on an errand.
Mg: Komboleka mwanace kwatuma ŵakulungwa kuti amtendele cindu.
M: It is possible for the young to send the old to do something for them.
Mg 2: Komboleka mundu jwakalamuka kumnyenjelela jwakuloŵela kutenda yangalondeka.
M 2: It is possible for a clever person to trick a silly person into doing something unwise.
Wv: 1) Causality; 2) Self; 3) Classification.

36. Ce Kulinonyela ŵatopolegwe

T: Mr. 'Love myself' was chased away.
Mg: Kulikwesya ngaŵa kwambone ligongo ukusajonanga ulongo.
M: Thinking too highly of oneself is not good because it destroys relationships.
Wv: 1) Causality; 2) Self.

37. Ce Liguluŵe ŵalisile lukonji luli lusigele panandi kutuka

T: Mr. Pig cried just before the rope was about to snap.
Mg: Ngajanguyaga kwasa mtima ligongo nampanji kulepela yindu yambone yawukapatile.
M: Don't be quick to lose hope because doing so may prevent you from getting something good.
Wv: 1) Time; 2) Causality.

---

[23] *Kalunga* can refer to a rabbit or a hare. In this case it is a hare since the hare in Yaw traditional oral literature is the clever trickster.

38. Ce Litunu ŵakanile mbalika

T: Mr. Hyena denied the castor seeds.
Mg: Yindu yine yikusamanyika pagamba kuyiwona.
M: Some things become obvious by just observing them.
Wv: 1) Classification.

Kwapali litunu lilyatemi masiku gejinji ngakamula yinyama. Ligongo lya sala litunulyo lyagandile ni lyasoŵile macili. Lyamanyilile kuti naga likapata cakulya nikuti ciliwe. Kaneko lyaganisisye yakwawula m'musi kuti likajiŵe mbusi. Lyatesile yeleyo kwa masiku gejinji. Lisiku line lyakamwilwe lili mkwiŵa mbusi. Msyene mbusi jula ŵaŵilasile ŵandu kuti am'wone jwawiyi jula. Ni ŵayice ŵandu ŵajinji. Ŵandu ŵane ŵatatu ŵalilambucisye litunulyo kuti lyajiŵile mbusi syawo. Litunulyo nganilijanga cilicose. Nambo mundu jwamcece jwayice ni gumila kuti, "Lyajiŵile soni mbalika syangu lyele litunuli!" Litunulyo lyajanjile pa gele maloŵego kuti, "Unetu jwangalya mbalika!" Papopo ŵandu wosope ŵala ŵamanyilile kuti litunu lyajiŵile soni mbusi sine sila ligongo lyagambile kana yakuti lyajiŵile mbalikape.

There was a hyena that had not caught animals for several days. Because of the hunger it became thin and weak and it knew that if it could not find something to eat it would die. It decided to go into the village and steal a goat. It did this several times. One day it was caught stealing a goat. The owner of the goat called all of his neighbors to see the thief. Many people gathered. Three other people accused the hyena of having stolen their goats. The hyena just remained silent. However, a fourth person amongst the crowd shouted, "It has stolen my castor seeds!" The hyena denied this accusation saying, "I don't eat castor seeds". At once everyone knew that the hyena had stolen the goats because it just denied stealing the castor seeds.[24]

39. Ce Litunu wakanice Usilamu

T: Mr. Hyena failed to be a Muslim.
Mg: Ngalambusyaga ŵandu yanganiwuŵa uyikombwele.
M: Don't pretend to be something that you are not.
Wv: 1) Classification.

---

[24] The English version of this *adisi* was first cited in Peace Corps, "Chiyao Trainee's Manual", 1998, p. 106.

Ndaŵi jine likungulu ni litunu yaliji pa uganja. Uganjawo wajendaga cenene. Ŵatiga naga jwine juyisimene yakulya nikuti jwajaga kumgaŵila mjakwe. Ŵatendaga yeleyi kwa masiku gejinji nambo jemanjawo yakulya yawo yaliji yangalondeka.

Pakumala pa masiku gejinji jemanjawo ŵapikene kuti ku mbwani kwana Cisilamu; kwakuli kumjogopa Mlungu. Litunu lyakwete lung'wanu ni nganiji, ni lyalanjile ajakwe ŵala kuti, "Bwanawe, une ngwawula ku mbwaniko. Ngusaka kuti ngalijiganye Cisilamuco kuti none mbe msilamu." Likungulu lyajiticisye ni lyasigele. Litunu lyapite kwekula ni lyatemi yaka yitatu lili mkulijiganya. Pambesi pakwe Cisilamuco lyacikombwele mpaka lyasingwice. Ni ŵalipele soni cakuwala cacisilamu, mkanjo. Ŵalipele soni ni tasubili jakwe, kulosya kuti sambano lili mwalimu.

Lyawusile ni kumsimana mjakwe jula. Lyamsalile mjakwejo kuti sambano lisingwice mwakuti ngaŵa mkulya soni yibudu. Lyapitilisye kuŵeceta kuti sambano ciliswaliji lisiku lililyose, cipindi cilicose. Likungulu lyatite, "Nambo yisyene litunu lilesile kulya yibudu? Cinalilinje, ndole naga lilesile kwene." Likungulu lila lyatyosile kundaŵindaŵipe, ni gona petala. Lyalambucisye kuwa, nombe mbamba syayice ni kuligumbagumba mpaka m'meso. Nombe litunu lyatite lijawule ku msikiti kuti likaswali. Pakwika petala lyalisimene likungulu lila lili ligonile. Lyatite, "Ana yikuti uli bwanawe? Bwanawe!" Nambo likungulu lila nganilijanga. Palyalolecesye litunu lila lyasiweni mbamba sili sigumbilegumbile m'meso mwa likungulu lila. Myoyo litunu lyaganisisye kuti mjakwejo juwile. Nambope lyakayicile ni lyatite, "Nambo atamose akulambucisya kuwa, uwe sambano asilamu ŵangalya yibudu." Litunulyo lyajesile panandi ni lyagalawice. Kaneko lyatite, "Une nalesile kulya cindu cewe jikape, nambo odi najigalile ŵanace." Litunu lyalinjile kututa ni lukongolo lwakwe, nambo likungulu nganiliwulukuta. Sambano lyakulupilile kuti likungululyo lyaliji lyewe. Myoyo lyalokwete kuti lijigalile ku nyumba. Ni sambano lyatite lilinje kunyupula mang'omba. Likungululyo palyapikene kupweteka lyakulupwice ni guluka. Nombe litunu lyajalucile papopo kuti kuleka kula nganikuŵa kusyesyene, kwaliji kwakulambucisya.

At a certain time a hyena and a crow were friends. Their friendship was going on well. If one happened to get some food, they would share it with the other. They did this for a very long time, but both of them were not eating good food.

Some time later the two of them heard that at the coast there was the religion of Islam. Islam was all about respecting God. The hyena had a desire to learn about this and so it said goodbye to its friend saying, "Friend, I am going to the coast. I want to go and learn Islam, so that I can become a Muslim too." The crow let the friend go and stayed behind. The hyena went to the coast and spent three years there learning. Afterwards the hyena qualified to be a Muslim and so he got baptised. The hyena was then given Islamic clothing; a prayer robe. It also received prayer beads which showed that it was now a qualified teacher of Islam.

When it returned, the hyena met its friend the crow. It told the friend that it was now baptised and that it could not continue eating carrion. It went on saying that it was going to observe prayers regularly. The crow said, "But is it true that the hyena has stopped eating carrion? I will test it to see for myself if it really has stopped." The crow then got up before dawn and went to lay down on the path. It pretended to be dead. Some ants came and gathered around its eyes. Now the hyena was on its way to pray at the mosque. While walking, the hyena found the crow sleeping on the road. The hyena said, "What's up my friend? My friend!" But the crow did not answer. Upon looking closely, the hyena saw some ants plastered around the crow's eyes. So, it thought, its friend had died. Still, it doubted saying, "Even though you pretend to be dead, I am now a Muslim and I no longer eat carrion." The hyena walked a little further and turned around. Then it said, "I no longer eat carrion, but let me take it for the children." It tried to push with its leg, but the crow didn't move. The hyena was now convinced that the crow was dead. So it picked the crow up to take it home. But when it tried to pluck some feathers from the wing, the crow felt the pain and escaped by flying away. Now the hyena was full of shame because the change was not real, it was only pretending.

40. Ce Lyola ŵamalisisye ulendo ni kusumba

T: Mr. Frog finished the journey with hopping.
Mg: Komboleka kumalisya masengo pakutenda panandipanandi.
M: We can accomplish things by doing them little by little.
Wv: 1) Causality.

41. Ce Mbasye ŵamalisisye mpika wosope

T: Mr. 'Let me taste' finished the whole pot.
Mg: Kupilila pa yindu kuli kwambone, kuti upate yindu pa ndaŵi jakwe.
M: Being patient is good so that you can receive things at the right time.
Wv: 1) Causality; 2) Time.

Ce Mbasye ŵamalisisye mpika wosope

Mr. ‘Let me taste’ finished the whole pot

42. Ce Mtimbanje kwawuleje konjecesya

T: Mr. Mtimbanje was killed by adding more.
Mg: Ngajanguyaga ganicisya yindu mkanalolecesye cenene.
M: Don't jump quickly to conclusions before you examine a situation closely.
Wv: 1) Causality.

Mundu jwine jwakwete ulombela, nambo ulombela wakwewo wasawusyaga. Jwalakwejo jwaganicisyaga kuti ŵakongwewo ŵakwete uganja. Sambano jwapali mundu jwine lina lyakwe ce Mtimbanje. Jwele munduju jwapitagapitaga pa malo gelega pakwawula ku malo kwine kupanganya masengo gakwe. Nambo lisiku lililyose jwapitaga malo gakwe gamopego. Sambano msyene ulombela jula jwatandite ganisya kuti, "Aaa! Ligongo cici aju munduju jukupita malo agano lisiku lililyose?" Ni ligongo lyakuti ulombela nganiwulondekaga, jwatandite ganisya kuti jwele mundu jwakupitapitaju ni jwakutenda uganja ni ŵamkwakwe. Sambano msyene ulombela jula jwajuŵilile ce Mtimbanjewo petinji. Kaneko jwaweni ce Mtimbanjewo ali mkupita ni jwakapile cikwanje mpaka ŵawile. Elo, ce Mtimbanje ŵawile ligongo lyagamba kwaganicisya. Ni ŵandu ŵatite kuti, "Ce Mtimbanje kwawuleje konjecesya".

A certain man was married, but the marriage had problems. The man thought that his wife was committing adultery. There was another man by the name of Mr. Mtimbanje. He was a man who often passed by that place, going to another place to do his work. But every day he passed by the same place. Now the husband of the woman began to think, "Ah! Why is this man passing here every day?" Now because the marriage was not going well, he began to think that the man was passing by to commit adultery with his wife. So the husband hid himself in the bush from Mr. Mtimbanje. When he saw Mr. Mtimbanje pass by he stabbed him with a panga knife until he died. Yes, Mr. Mtimbanje died just because of thoughts. So people said that Mr. Mtimbanje was killed by adding more.

43. Ce Ngakola ŵakamwile ndomondo mu msipu

T: Mr. 'Has not' caught a hippopotamus in a fish trap.
Mg: Komboleka mundu wamba kutenda cindu cekulungwa.
M: It is possible for an ordinary person to do a great thing.
Wv: 1) Classification.

44. Ceswela cam'wuleje mbusi

T: The white thing killed the goat.
Mg: Ngajigalikaga ni yindu pakuyiwona kusalala, nampanji kusimana ni yakusawusya.
M: Don't be persuaded by the outward appearance of something, as it may bring disaster.
Wv: 1) Causality.

45. Cicalolite meso, mtima ngaŵa mkuliŵalila

T: That which the eyes saw, the heart could not forget.
Mg: Yindu yekulungwa yangaliŵalicika.
M: Large events are unforgettable.
Wv: 1) Classification.

46. Cili pa ajenu kuwulula, nambo cili penumwe kusisa

T: The thing of your friend, you reveal; but yours, you hide.
Mg: Ngasalaga yakusakala ya ŵane ni kusisa yakusakala yakwe.
M: Don't talk about the evil of someone else and hide your own.
Wv: 1) Classification; 2) Self.

47. Citamile cangapata malaja

T: Just staying does not find a shirt.
Mg: Kuti upate cindu pakusosekwa kamula masengo.
M: In order to get something it is important to do work.
Wv: 1) Causality.

48. Ciwa cangatenda odi

T: Death does not notify.
Mg: Lisiku lyakuwa lyangamanyika.
M: The day of dying is not known.
Wv: 1) Time; 2) Causality.

49. Gasabu asala, ŵajasile utandi wa sadaka

T: Rage, shame; he threw away the maize flour for the feast of remembrance.
Mg: Naga utumbile ukajonangaga yindu ligongo ciwuligamba kusogolo.
M: If you are angry do not destroy things because you will regret it later.
Wv: 1) Causality.

50. Gona cilikati ni kwanguya

T: To sleep in between, is to come early.
Mg: Ukusapata yambone pakutenda yindu mwakwanguya.
M: There are benefits in being early.
Wv: 1) Time; 2) Causality.

51. Guluka pangali moto

T: To jump when there is no fire.
Mg: Ngajogopaga yindu yanganiwuyiwone.
M: Don't fear that which you have not yet seen.
Wv: 1) Causality.

52. Jembeceyani mesi gapite kuti mtawale

T: Wait for the water to pass then get settled.
Mg: Naga pana cakusawusya, mjembeceyeje kaje kuti cimale, kaneko ni msangalaleje.
M: If there is a problem you must wait for the end, then you can rejoice.
Wv: 1) Time.

53. Jikajikape jangawuma mbili

T: Alone, alone, one cannot produce history.
Mg: Ngatendaga jika masengo gakusosekwa kutenda ŵandu ŵajinji.
M: Don't work alone on things that require the help of others.
Wv: 1) Self; 2) Causality.

Jwapali mundu jwaŵatendaga masengo gakulekanganalekangana. Ni mundu jweleju jwaliji jwakutenda masengo gakwe mwangam'wusya jwine jwalijose. Jweleju jwatandite kutenda masengo gakwe. Juli mkutenda masengo gala, ŵandu ŵane ŵaliji mkumsalila mundu jwelejo kuti, "Wawo masengo gawo nganigaŵa cenene." Nambo, pakuŵa mundu jula jwaliji jwakulinonyela, nganijusaka kwawusya ŵandu ŵane. Ni mundu jwelejo jwaliji mkupitilisya kutenda masengo gakwego mwajikape, mpaka masengo gala galepelece. Pamapeto pakwe jwagambile kuleka. Ni jwatandite soni kutenda masengo gane mwajikape. Nambo soni nombe nago jwagalepelaga kuti jugamalisye ligongo nganijugamanyililaga. Yeleyo yatendekwe ligongo lyakuti jwaliji jwakulinonyela, ni nganijwawusyaga acimjakwe. Ni mundu jweleju jwaliji mkutenda myoyo mpaka kakwanile katatu. Pangali jwakum'wusya, ni pambesi pakwe masengo gosope pangali gagakombolece. Mundu jula jwagambile kwasa ndaŵi jakwe pakupanganya masengo gakwego. Yeleyo yatendekwe ligongo lyakuti mundujo jwaliji jwakulinonyela ni jwangawusya ŵane ya masengo gakwe.

There was a certain person who was doing various jobs. He was doing his work without consulting anyone. He began a certain job and while he was working other people advised him saying, "Your work is not right." But because he was proud he did not like to ask advice from others. He continued the work on his own, until everything went wrong. In the end he just left the work. Again he began another job. That job also did not proceed very far because he did not know how to do it. It all happened because he was proud and did not want to consult his friends. So he did the same thing three times. He did not ask anyone and in the end all that he tried did not proceed far. He just wasted his time in all of his work. All of this happened because the man was proud and did not like to ask other people for help.

54. Jwakulwala m'matumbo ni jwakusawugula litanga

T: The one who has diarrhoea is the one who opens the door.
Mg: Ŵandu atandeje acimsyene kumasya yakusawusya yawo.
M: People should take initiative in solving their own problems.
Wv: 1) Causality.

55. Jwangapikana jwapikene liŵago lili mu mtwe

T: The one who did not listen, listened when the axe fell on his head.
Mg: Kana kupikanila maloŵe ga ŵandu, ukusapata yipwetesi.
M: Refusing to listen to other people's advice will result in pain.
Wv: 1) Causality.

56. Kagoma kakusona kangakaŵa kupapuka

T: A small loud drum does not take time to split.
Mg: Ngalikwesyaga nampanji kwaluka.
M: Don't boast you may become ashamed.
Mg 2: Kupikanika pa yindu yangalumbana kukusakupwetekasya.
M 2: Being infamous for doing foolish things will bring trouble.
Wv: 1) Causality.

57. Kakatite cubwi! Nganikacuwuce

T: The small thing which went splash! It has not yet come out of the water.
Mg: Paligongo lyakuti ngani ngajikuŵecetegwa ni ngaŵa kuti jimasile.
M: Just because a matter is not being discussed does not mean that it is finished.
Mg 2: Ngapupulumaga kuŵeceta mkaniyiwonece yakuyicisya yakwe.
M 2: Don't jump quickly to conclusions before you see the outcome.
Wv: 1) Causality.

58. Kakwe ni kakwe, ka ŵane ni ka ŵane

T: Your little is your little, their little is their little.
Mg: Ngakulupililaga ya ŵane pakuyiwona unandi yayili yakwe.
M: Don't rely on that which belongs to others while belittling what is yours.
Wv: 1) Self; 2) Causality.

59. Kakwe ni kawulile

T: Your little thing is the little thing you have eaten.
Mg: Ngakulupililaga yindu yanganiwuyipate.
M: Don't rely on something which you do not yet have.
Wv: 1) Causality.

60. Kandu cala

T: Little thing, finger.
Mg: Kuti ucimanye cindu pakusosekwa mundu jwine akulosye kaje.
M: To know something someone has to show you first. (i.e. pointing)
Wv: 1) Causality.

61. Kangapumula ŵakakamwile ŵanace

T: Little never-rest was caught by children.
Mg: Pakupanganya masengo gakupweteka, kupumulilaga.
M: It is good to rest often when doing hard work.
Wv: 1) Causality.

Jwapali mundu juŵalilapililaga kuti jwaliji jwakombola kutenda masengo mwakulimbicila. Soni jwasalilaga ŵandu kuti, "Une jwangapumulila." Jwalakweju jwaliji soni jwakombola kuwutuka kwabasi. Ni sambano jwalangene ni ŵandu kuti amtoposye, kuti alole nampanji ni kumkamula. Ŵandu ŵala ŵamtopwesye mundujo. Mundu jula jwawutukaga mnope kwabasi. Yisyene ŵandu ŵala nganakombolaga kumkamula. Mundu jula jwatiji kuwutuka apano, kwika ku musi wine jwasimanaga ni ŵandu ŵane. Ŵandu ŵa m'musi welewo nombe nawo ŵatandaga kum'wutusya mundu jula. Jwajesile nditu, lutando lwelewu ni kaneko jwapesile. M'musi wine jwasimene ni ŵanace. Nombe nawo ŵanacewo ŵatandite kumtopola ni kutendaga munduju juli jupesile. Pelepo ŵanacewo ŵakombwele kumkamula mundu jula.

There was a man who boasted that he was able to work very hard. He said to people, "I don't rest." He was also a very fast runner. So he agreed with people that they should chase him to see if they could catch him. So the people chased him. But the man ran very fast and they were not able to catch him. The man ran from one village to another and there he found another group of people. Those people also began to chase him. He travelled very far and for a very long time and he was very tired. In another village he met with children. The children started to chase him while he was very tired and right there, the children were able to catch him.

62. Kanyetanyeta kakulimulicila kasyene

T: The fire-fly gives itself light.
Mg: Kulimbicila masengo kukusakukamucisya kupata yakusoŵa yakwe.
M: Hard work helps you to get what you need.
Wv: 1) Causality.

63. Koca tuŵili, kamo kutinika

T: Roasting two, one gets burnt.
Mg: Ngatendaga yindu yiŵili ndaŵi jimo ligongo cimo cikusalepeleka.
M: Do not do two things at one time, because one will fail.
Wv: 1) Causality; 2) Time.

Mundu jwine jwajocice yinangwa malo gaŵili gakulekangana. Sambano jwatiji kwawula aku ni kwisila moto wejinji, cinangwa cine cila aku moto wasimaga. Ni jwajawulaga mbali jiwukusima jila kuja kwisila soni moto wejinji. Pakuwuja kwekula jwawusimanaga moto ula kwine kula uli mkusima soni. Ni jwaganisisye kuti, "Sambano apa cingwisile moto wejinji mnope kuti ukasima citema. Pacingakolesyeje moto wine ula ako, cinawusimane uli ciŵela." Ni jwapite kulola cinangwa cine cila kwine kuti jukakwisile soni. Juli jukwisile jwawujile kulola cinangwa cine cila ni yacanasa jwacisimene kuti citinice. Yosopeyo yatendekwe ligongo lyakuti yinangwayi yaliji yiŵili. Nganijukombola kuyisamalila yosopeyo ligongo jwaliji jwakutanganigwa kwawula aku ni akuku ndaŵi jimo.

A certain person roasted cassava in two different places. So he went this way to add more fire, while at the other cassava, the fire was going out. So he went to where the fire was going out and he added more firewood. Upon returning he found that the first fire was going out. So he thought to himself, "I will add a lot of firewood so that it will not go out quickly while I am at the other fireplace and so that when I return I will find the fire still burning." So he went to see the other cassava with the aim of checking the fire. But when he returned to the fire, where he had added more firewood, he discovered to his dismay that the cassava had burnt to ashes. It all happened because there were two cassavas and he did not manage to look after them both because he was too busy going from one to the other at the same time.

64. Kola kandu nambo kulimbicila

T: To have something; but effort.
Mg: Kuti upate cindu cawukusosa pakusosekwa kulimbicila.
M: In order to have something that you want it is important to make an effort to get it.
Wv: 1) Causality.

65. Kolosyani ka pasi kuti ka penani katuluce

T: Do something good to the small thing down here, so that the small thing above will come down.
Mg: Kulupicikaga pakutenda yindu pandanda kuti upate yekulungwa m'bujo.
M: Be faithful when doing something in the beginning so that you can get larger things in the future.
Wv: 1) Causality.

66. Kondoganya pagalenjele mesi

T: To stir where the water is clear.
Mg: Kwaŵenganya ŵandu ŵakusyoŵekana.
M: To bring enmity between people who are in good relationship.
Wv: 1) Causality.

Kalakala kwapali misi jiŵili jakuŵandikana jijaliji jakupikanganana mnope, soni jamwaga mesi cisima cimo. Jele misiji jakamusyanaga m'manyago. Sambano, yalumo ni cisima cila kwapali citela ca mkuju. M'citelamo catamaga cijuni ca liso limo.[25] Pangali mundu juŵacimanyi lina cele cijunico. Lisiku line, cijuni cila caganisisye yakwaŵenganya ŵandu ŵa misi jiŵili jila. Cagulwice ni kuja kuŵilisya mesi ga pa cisima gala. Paŵayice ŵandu ŵa misi jiŵili jila kuti akatece mesi, ŵagasimene mesigo gali geŵilile mnope. Ni ŵandu ŵa misi jiŵilijo ŵatandite kulambucisyana. Pelepo cijuni cila caliji cakusangalala ligongo ŵanduwo ŵatandite kangana. Kaneko, ŵandu ŵa misi jiŵili jila ŵasacile kuti ammanye juŵaŵilisyaga mesigo. Myoyo musi uliwose wasagwile mundu jwakuti ajuŵilile kuti ammanye juŵaŵilisyaga mesigo. Ŵandu ŵaŵiliwo ŵaciweni cijuni cila cili mguluka ni kwawulaga pa cisima pala, kuja kuŵilisya mesi gala. Myoyo ŵandu ŵaŵiliwo ŵapite ku misi ja kumangwawo, kuja kwasalila ŵandu yaŵayiweniyo. Paŵapikene yeleyi, ŵandu ŵa misi jiŵilijo ŵaganisisye yakwawula kuti akaciwulaje cijunico. Paŵacikombwele kuciwulaga, mesi gala nganigaŵililaga soni ligongo jwakondoganya jula ŵam'wuleje.

Once upon a time there were two villages that were close together, shared a well and had a good relationship. These villages enjoyed helping each other in doing the initiation ceremonies. Near the well there was a big fig tree in which lived a bird with one eye. No one knew the name of the bird. One day the bird decided to make the two villages become enemies. It flew into the well and dirtied the water. When the villagers from each village came to draw some water, they found it very dirty. Then people from those villages started to accuse each other. The bird in the tree became very happy at seeing the two villages quarrelling. Later, people from the two villages decided to find out who had dirtied the water. Two people, one from each village were appointed to hide and find out who had dirtied the water. These two people saw the bird fly into the well and dirty the water. The two people went back to the villages and reported their findings. Because of this the people of the villages decided to go and kill the bird. After they had killed it, there was no longer dirty water as 'the stirrer' had been killed.[26]

[25] This bird is most likely to be the *msinji*.

[26] The English version of this *adisi* was first cited in, Peace Corps "Chiyao Trainee's Manual" 1998. However, it appeared without the Yawo *citagu* or the original Yawo *adisi*.

Kondoganya pagalenjele mesi

To stir where the water is clear

67. Kongola citela, nambo pandanda

T: To straighten a tree, but at the beginning.
Mg: Pakusaka kuti ŵanace akole ndamo syambone kuli cenene kwajamuka kutandila pandanda.
M: If you want children to have good manners it is best that you instill this in them from the beginning.
Wv: 1) Time; 2) Causality.

68. Kujijonga ng'ombe jaganda

T: To suckle from the thin cow.
Mg: Ngaŵa cenene kupata yindu pakwajiŵila ŵandu ŵakulaga.
M: It is not good to get things by deceiving the poor.
Wv: 1) Classification.

69. Kulilila ula, ulilile matope

T: To cry for rain, is to cry for mud.
Mg: Cindu cilicose cana kusakala kwakwe.
M: Everything has got its disadvantages.
Wv: 1) Causality.

70. Kulima ŵamnono, kulya ŵajinji

T: Few people farming, many people eating.
Mg: Komboleka kuti ŵandu ŵajinji amjegame mundu jumo.
M: Many people can be reliant on one person.
Wv: 1) Self.

Kulima ŵamnono, kulya ŵajinji

Few people farming, many people eating

71. Kulya ugali jikape yanganong'a

T: Eating *ugali* alone is not enjoyable.[27]
Mg: Umbombo ngaŵa wambone.
M: Greed is not good.
Wv: 1) Causality; 2) Self.

72. Kumjogopaga jwamkanapate[28]

T: Respect the one who has not yet become rich.
Mg: Ngamnyosyaga mjakwe jwakulaga, ligongo lisiku line nombe najo nampanji kupata.
M: Don't despise your friend who is poor, because one day they may become rich also.
Wv: 1) Causality.

73. Kumsimana mundu ali mkukulolecesya, nomwe mumlolecesye

T: If you find a person staring at you, you should also stare at them.
Mg: Naga ali ku malo gane atendeje mwakutendela acimsyene malogo.
M: If you are at another place you should do things in the way that they do them.
Wv: 1) Classification; 2) Causality.

74. Kumtenda kalibu ngasimkana

T: To welcome you! Don't refuse.
Mg: Ngaŵa cenene kana mtuka
M: It is not good to refuse a gift.
Wv: 1) Self; 2) Causality.

Ŵapali shehe pa musi wine. Ŵalakwewo ŵaliji ŵakuwulaga yinyama. Nambo soni ŵakwete mundu jwakulijiganya juŵajendaga najo. Lisiku line ŵatyosile pampepe ni jwakulijiganya jula, kwawula kukuwulaga yinyama. Ali mwitala, shehe ŵala ŵakumbucile kuti alesile cipula ku nyumba. Sambano ŵamtumile jwakulijiganya jula kuti jujawule jukajigale.

---

[27] *Ugali* is the main staple food of the Yawo people. It is made from maize flour.
[28] The term *kogopa* in Ciyawo often has two meanings; that of fear and respect.

Jwakulijiganya jula jwawujile ku nyumba ja shehe jila. Ni pajwayice ku nyumbako, jwasimene ŵamkwawo shehe ŵala ali ni ŵalume ŵane. Pelepo, ŵakongwe ŵala ŵajogwepe mnope pakuganisya kuti jwakulijiganyajo cakasale kwa ŵamkwawo ŵala. Nambo, jwakulijiganyajo nganijuŵeceta cilicose, jwagambile kujigala cipulaco ni kwawulaga ku ulendo kula. Pajwasimene ni shehe ŵala nganijuŵeceta soni cilicose, nambo jwagambile kupeleka cipula cila ni kupitilisyaga ulendo wawo. Ŵatemi masiku gatatu ku ukwetiko, kaneko ŵawujile ku musi. Paŵaŵandicile nyumba syawo, jwakulijiganya jula jwalekangene ni ambujegwe ŵala ni jwajawulaga ku nyumba jakwe. Nombe shehe ŵala ŵajawulaga kumangwawo.

Paŵaweni ŵamkwawo ŵala ali mkwika, ŵakongwe ŵala ŵatandite kulila. Pakwawusya yaŵalilaga, ŵakongwewo ŵajanjile kuti, "Jwakulijiganya jwenujo pamwamtumile kukujigala cipula pala jwaliji mkungamulila". Shehewo ŵakulupilile yeleyi ni ŵatite, "Jweleju apesile kutama ni une, nambo sambano cinam'wulaje". Ni ŵalembile ŵaganyu kuti akasole likabuli kuti amsice jwelejo. Ni ŵasalile kuti, "Une cindumisye ŵandu ŵaŵili kweleko. Nambo mundu jwandanda kwika kweleko mkam'wulaje ni mkamsice mwilembe licimkasolelyo".

Sambano ni yawonece kuti pa ndaŵi ja 11 koloko, shehe ŵala ŵamtumisye jwakulijiganya jwawo jula. Nambo jwalakwejo pakwika petala ŵandu ŵamŵilanjile yakulya. Jwalakwe nganijukana, jwasepwice ni kuja kulya. Pajakwanaga 12 koloko, shehe ŵala ŵamtumisye mwanagwawo kuti ajawule akalole naga ŵandu ŵaganyu ŵala amalisisye kutenda yiŵatumile yila. Nambo mwanace jula pakwawula kwekula ŵampite jwakulijiganya jula petala, pakuti jwaliji mkulya yakulya yila.

Sambano yawonece kuti jwalakwejo jwalongolele kuja kwika ku makabuli kula. Paŵam'weni ŵaganyu ŵala ŵagambile kumkamula, kaneko ŵamŵuleje ni kumsika mwilembe mula. Paŵamasile kutenda yeleyo nombe jwakulijiganya jula jwakopocele. Pakulola ŵandu ŵaganyu ŵala ŵagambaga kuti ayice kukwaŵelusya pakuti ganyu jawo ŵaliji ali amalisisye. Myoyo, wosope ŵawujile ku musi.

Nambo paŵayice ku musiko, shehe ŵala ŵasimonjile pakum'wona jwakulijiganya jula ali cijumi. Ŵamanyilile kuti mwanace jwawo ni jwam'wuleje. Ŵawusisye kuti, "Ana jamani yitite uli pelepa?" Ŵaganyu ŵala ŵatite, "Ngati wawo shehe ŵatite mundu jucalongole kwika tukalinganye? Uwe tulinganyisye." Shehewo ŵatite, "Am'wuleje mwanangu". Ndaŵi jijojo ŵatandite kulila.

There was a sheikh in a certain village. He was a hunter. He also had a student who was journeying with him. One day, together with the student, the sheikh left to go hunting. While on the way the sheikh remembered that he had left his knife at his house. So he sent his student to go and fetch it. The student returned to the sheikh's house. But it happened that when he reached the house he found the sheikh's wife sleeping with another man. The sheikh's wife was afraid, thinking that the student would reveal the secret to her husband. But the student did not say anything he just picked up the knife and continued the journey. When he met the sheikh he also did not say anything; but rather he gave him the knife and on they went. They stayed in the bush for three days and then they returned to the village. When they drew near to their houses the student left his lord and went to his house. The sheikh went to his house also.

Now when the wife saw the sheikh coming, she began to cry. When she was asked to explain, the sheikh's wife said, "Your student raped me when you sent him to come and fetch the knife." The sheikh believed this and said, "I think that he is tired of being my student; I will kill him." He hired some workers to dig a grave to bury his student. He told them saying, "I will send two people there, but the one to come first, kill him and bury him in the grave that you dig."

And now it happened that at 11 a.m. the sheikh sent his student to the graveyard. The student left, but on the way some people invited him to have some food together with them. The student did not refuse, but went to eat with them. At 12 noon, the sheikh sent his own son to go and see if the workers had done what they were asked to do. But as he was going, the son passed by his father's student while he was eating.

And so it happened that the sheikh's son reached the graveyard first, before the student. When the workers saw him, they seized him, killed him and buried him in the grave. Soon after they had done this the student came. The workers thought that he had just come to let them go, as they had finished their task. Therefore all went home.

Upon arriving at the village the sheikh was amazed to see the student coming alive. He realised that the people had killed his son. He asked, "What has happened?" The workers said, "Did you not say, the first person to come to the graveyard we should fix up! Well we fixed him up." The sheikh said, "You have killed my own son." Immediately he began to weep.

75. Kumwaga pawukupayicila

T: Scratching where you reach.
Mg: Kutendaga yindu yampaka uyikombole kupanganya.
M: Do only that which you are able to do.
Wv: 1) Causality.

76. Kupagwa cenene pakutanda, kulemala kukusatenda kwisa

T: Being born well at first, lameness does come.
Mg: Ngamsekaga mjakwe jwamlemale, yicikomboleka kutendekwa kwa ugwe kusogolo.
M: Don't laugh at your friend who is disabled; it may happen to you in the future.
Wv: 1) Causality.

77. Kupasyoŵela, ce Tombolombo ŵapile mcila

T: To be used to; Mr. Dragonfly's tail burnt.
Mg: Pakutenda yindu ngalilecelelaga mnope, ligongo ukusasimana ni yipwetesi.
M: Don't become too familiar when doing things because it can lead to disaster.
Wv: 1) Causality.

Ce Tombolombo ŵagulukagagulukaga kusosa yakulya mwitinji. Ni ali mguluka myoyo ŵawusimene moto uli mkolela, ni ŵalakwewo ŵapite pelepo kuti akakamule yitete alye. Ali ayice pa malopo ŵayisimene nditu yitete yejinji yili mguluka. Ce Tombolombo ŵatandite kulya, ni ligongo lyakuti yosope yaliji yakusangalasya, ce Tombolombo nganasakaga kutyoka pa malopo. Ŵagambaga gulukaguluka palapala. Nambo yakusawusya yaliji yakuti, moto ula wajocice ce Tombolombo ŵala ku mcila mwakuti ŵapile mcila wosope. Yosopeyo yatendekwe ligongo lyakuti pa malo pala ŵapasyoŵelele. Ŵapawonaga kuti pali pambone ligongo ŵajikutaga. Apa ŵandu ŵatite kuti, "Kupasyoŵela, ce Tombolombo ŵapile mcila."

Mr. Dragonfly was flying and searching for food in the bush. While he was flying he found a fire burning and so he went there to catch grasshoppers to eat. When he came there he found many grasshoppers flying about. Mr. Dragonfly started to eat and because it was causing him great joy he did not want to leave the place. He just wanted to be flying about at that place. But the problem was that the fire burnt the dragonfly's tail, so much so that the whole tail was burnt. This all happened because the dragonfly became familiar with that place. He just saw that every thing was good because he was being satisfied. Therefore, people said that, "To be used to, Mr. Dragonfly's tail burnt."

78. Kupata kwa ce Citumbili, ce Lijani ngasangalala

T: The riches of Mr. Monkey, Mr. Baboon is not happy.
Mg: Litima ngaŵa lyambone.
M: Jealousy is not good.
Wv: 1) Self; 2) Causality.

79. Kupekupe, kumpaga jwakupele

T: Give give, give to the one who has given you.
Mg: Kwakamucisyaga ŵandu ŵakusakukamucisya ugwe.
M: Help those people who help you.
Wv: 1) Self.

80. Kupeleka ni kupanda

T: To give is to plant.
Mg: Naga ukupeleka cikamucisyo sambano, nikuti kusogolo ucipocela.
M: If you give help now, you will receive it in the future.
Wv: 1) Causality; 2) Self.

81. Kusalala kwa nguju, m'kati mwana mbamba

T: The beauty of the fig; inside are ants.
Mg: Kawonece ka cindu mpaka kakulambusye.
M: Appearances can be deceiving.
Wv: 1) Classification.

82. Kusamasama winji mena

T: Moving moving, many names.
Mg: Mundu akusakupa mena malingana ni yawukutenda.
M: A person is given names in accordance with what they do.
Wv: 1) Causality.

83. Kusi kwa lutumbo lwa ndembo, kwangapita kaŵili

T: Under the elephant's belly, you can't pass twice.
Mg: Ngawilisyaga ulemwa watesile.
M: Don't repeat your past mistakes.
Wv: 1) Causality.

Kusi kwa lutumbo lwa ndembo, kwangapita kaŵili

Under the elephant's belly, you can't pass twice

84. Kutalikangana kutama, umbo syatupile mena

T: To be staying far from each other, hair has many names.
Mg: Atamose ŵandu akusimanikwa malo gakulekanganalekangana ali ŵakulandana.
M: Even though people come from different places they are alike.
Wv: 1) Space; 2) Classification.

85. Kuti syasye, ŵasyasisye m'kalimo

T: Let me try, he tried wrongly.
Mg: Kulolecesyaga kaje mkaniwutende yakutenda ŵane.
M: Look closely first before you copy what other people are doing.
Wv: 1) Causality.

86. Kutyokatyoka kwangapata malaja

T: Leaving, leaving does not find a shirt.
Mg: Kupilila kuli kwambone kuti upate cawukusaka.
M: To get what you want you need to be patient.
Wv: 1) Causality.

87. Kuŵandikana ngaŵa ulongo

T: To stay close together is not a relationship.
Mg: Paligongo lyakuti ŵandu akutama mwakuŵandikana, ngayikusalosya kuti akusakamulana.
M: Just because people stay in close proximity with one another it does not necessarily mean they have a good relationship.
Wv: 1) Self; 2) Space.

88. Kuŵeceta mwakuwona, ce Litunu ŵangali uganja

T: Truly speaking, Mr. Hyena has no friendship.
Mg: Naga kuŵa jwangalumbana ukusasoŵa acimjakwe.
M: It is hard to have friends if you are not a good person.
Wv: 1) Causality.

89. Kuŵeceta ni mtima wosope

T: To speak with the whole heart.
Mg: Kuŵecetaga mwakusimicisya.
M: Speak with confidence.
Wv: 1) Causality.

90. Kuwulaga lijoka, ni kata mtwe

T: Killing the snake is to cut off the head.
Mg: Pakumasya cakusawusya pakusosekwa kutanda ni litepo lyakwe.
M: To finish a problem it is important to start with the source of it.
Wv: 1) Causality; 2) Allegiance.

91. Kwasa manyasi gecuŵecuŵe

T: To throw away the grass that is already cut.[29]
Mg: Kwasa upile wepatepate.
M: Throwing away the good fortune that you already possess.
Wv: 1) Causality.

92. Kwenda kuŵina

T: To walk is to dance.
Mg: Ngatendaga cipongwe ŵandu ŵangamanyilila, ligongo pakusimana ndaŵi jine ucitenda soni.
M: Don't be rude to people that you don't know, because when you meet them again you will be ashamed.
Wv: 1) Causality.

93. Kwika kwa miŵa ni uwowu wakwe

T: The coming of a thorn is with pus.
Mg: Cindu cilicose cana kusakala kwakwe.
M: Everything has got its disadvantages.
Wv: 1) Causality.

---

[29] The grass in this *citagu* is grass that has been collected for thatching a house.

94. Lelope jino waŵilile mnamba

T: Today only, dirtied the forktailed drongo.[30]
Mg: Citema cikusajonanga yindu.
M: Rushing can lead to destroying things.
Mg 2: Lupasika lukusamjonanga mundu.
M 2: Greediness destroys a person.
Wv: 1) Causality.

Mnamba cili cijuni. Cele cijunici canonyelaga kwendajenda mwitinji kupita mcisosa kwawuli upya. Naga moto uli mkolela mwitinji, yitete yikusatilaga upyawo.

Sambano mnamba lisiku line wasacile kuti ukakamuleje yiteteyo. Wajigalene ni acimjakwe ni waliji mkulya yiteteyo. Paŵajikwite acimjakwe ŵala ŵawusalile mnamba kuti, "Sambano tujawuleje". Nambo, mnamba wakanile ucitiji ukusaka kupitilisya kulya. Yakuti malaŵi uciyika soni walakwe nganiwukola nayo masengo. Mapeto gakwe mnamba waŵilile ni lyosi lyakutyocela ku moto ula. Basitu, waŵilile kuti bii! Ligongo lyakusaka kulya lelope jino.

A drongo is a bird. It is a bird that likes to fly about in the bush looking for the place where the fire is burning. If the fire is burning in the bush the grasshoppers fly away from the flames.

So one day the drongo wanted to go and catch these grasshoppers. It went with its friends and they were eating the grasshoppers. When the friends were satisfied they said to the drongo, "Let's go". But the drongo refused saying it wanted to continue eating; about coming tomorrow it did not care. In the end the drongo was dirtied by the smoke which was coming from the fire. You see, it was dirtied until it was black! This was because it wanted to eat only today.

---

[30] The *mnamba* is a forktailed drongo.

95. Likambale lyangacapila papopo

T: The catfish can't be washed on the spot (where you caught it).
Mg: Naga akupele mtuka, utyoceje nawo pa malopo ligongo nampanji kukusumula soni.
M: If you have been given something use it somewhere else, because it might be taken back from you.
Wv: 1) Space.

96. Likoswe lya pa msakasa lyajuwile lya pa citutu

T: The rat on the roof revealed the one on the rubbish pile.
Mg: Yileŵi yasambano yikusakumbusyaga yakalakala.
M: Present wrong doings can remind of past wrong doings.
Wv: 1) Causality.

97. Likoswe lyasoni lyawilile kwisimbo

T: The shy rat died in the hole.
Mg: Naga ukutenda soni ndaŵi jawukusaka cikamucisyo nikuti ucilaga.
M: If you are shy about asking, at a time when you need help, then you will suffer.
Wv: 1) Causality.

98. Likoswe naga lili pa lulo lyangawulajika

T: If a rat is on the clay pot it cannot be killed.
Mg: Kuli kwakusawusya kulamula magambo ga alongo ajakwe.
M: It is difficult to judge the court case of a relative or a friend.
Mg 2: Pana kucenjelana pasikati ja ŵandu ŵa pa ulongo.
M 2: Protection is found in being in close relationship with people.[31]
Wv: 1) Self.

---

[31] Kinship ties are stronger than friendship or even the 'rightness' of a court case.

Likoswe naga lili pa lulo lyangawulajika

If a rat is on the clay pot it cannot be killed

99. Likungu lya mjenu limpe lunda

T: A friend's misfortune should give you wisdom.
Mg: Kulijiganyaga kutyocela ku yilemwa ya ŵane.
M: Learn from the mistakes of others.
Wv: 1) Causality.

100. Likungulu lyawoga lyawile ni ukalamba

T: The fearful crow died of old age.
Mg: Kogopa yindu yakogoya kukusakukulupusya.
M: Fearing dangerous things can save one's life.
Wv: 1) Causality.

101. Lipalapi likulemala likusile

T: The antelope becomes lame when it is old.
Mg: Cindu cilicose cambone cikusawisala pali papite ndaŵi.
M: Every good thing becomes worn out with the passing of time.
Wv: 1) Causality; 2) Time; 3) Classification.

102. Lisiki lya mbwa lyangagona mbusi pasa

T: The luck of the dog cannot make the goat sleep outside.
Mg: Upile wa ŵane wangajigala ŵane.
M: You cannot get someone else's good fortune.
Wv: 1) Causality.

103. Lisiku limo lyangawola nyama

T: One day does not rot the meat.
Mg: Kokoŵa panandi ngaŵa mkutendekasya yindu konasika.
M: To delay a little will not cause something to be destroyed.
Wv: 1) Time; 2) Causality.

104. Lisimba mu ukweti mwakwe

T: Lion in the forest; at home.
Mg: Mundu ukusatawala kumangwakwe.
M: At home a person has the most freedom to do what they want.
Wv: 1) Space; 2) Self.

105. Litaŵala lyangaŵeleka liwundi

T: The long nosed rat does not bear an owl.[32]
Mg: Yakutenda acinangolo ŵanace akusasyasya.
M: Children emulate what their parents do.
Wv: 1) Causality.

106. Liŵago lyakwasima kwanguya kutemeka

T: A borrowed axe is quickly broken.
Mg: Kusamalaga yindu yakwasima ligongo ngawukumanyilila yakwamba kulimba kwa yinduyo.
M: Take care of the things that you have borrowed because you don't know about their strengths or weaknesses.
Wv: 1) Causality.

107. Liwupa lyakanganicisya lyangakaŵa kasa mpika

T: A forced bone does not take long to break the pot.
Mg: Ngatendaga yindu mwakanganicisya nampanji konanga.
M: Don't force things as you may destroy them.
Wv: 1) Time; 2) Causality.

108. Liwuto lya kalunga lyakusile ni 'Kwalole!'

T: The sleeping place of the rabbit grew with, 'Come and see!'
Mg: Kangani kamnono kakusakula ni konjecesya.
M: A small story grows larger by adding to it.
Wv: 1) Causality.

---

[32] According to G. M. Sanderson in, "A Dictionary of the Yao Language", Nyasaland Government Press, 1954, the *Litaŵala* is an elephant-nosed shrew. In my own research I discovered that this shrew was a long-nosed native rat. *Liwundi* is a type of large owl.

Kalunga jagonile pa malo pewutale, pelepo manyasi gaŵandice. Kaneko kalunga jila jatyosile kwawula kukwendajenda. Sambano mundu juŵajiweni kalunga jila jili pewuto pala jwapite kukwasalila acimjakwe kuti, "Kwende akuno nam'weni kalunga, tukamkamule tutende mboga." Jwalakwejo jwayice ni acimjakwe ŵala, nambo kalunga jila nganajisimana. Sambano pakwasalila ŵandu jwatiji, "Jaliji pelepa apa". Ni ŵatandite kuŵanda pa malopo gwisyaga manyasi gejinji. Ni mpaka ŵaŵandile manyasi gejinji ligongo lyakuti kalungajo nganijiŵa pa malopo. Yeleyi yatendekasisye kuti liwuto lila likule ligongo jwine julijose jwaŵandaga pakwe kumsosa kalungajo. Ni mpaka liwuto lyandanda lila nganilimanyikaga. Sambano lyaliji liwuto lyekulungwa. Ni paŵatite ŵandu, "Liwuto lya kalunga lyakusile ni 'Kwalole!'"

The rabbit slept at a bushy place and there the grass was flat. It so happened that the rabbit left and went away. Now a man saw the rabbit and went to tell his friends saying, "Come over here, I have seen a rabbit, let's go and catch it for our relish". The man came and brought his friends with him, but they didn't find the rabbit. He told his friends, "It was right here!" They began searching the place by flattening lots of the grass. They ended up flattening lots of grass because the rabbit was no longer there. This made the sleeping place of the rabbit to become larger and larger, because everyone was flattening his part as they were looking for the rabbit. They continued until the original sleeping place could not be identified. By then the sleeping place was very large. That's when people said, "The sleeping place of the rabbit grew with, 'Come and see!'"

109. Lupula lumo, lwangajinjila yala yiŵili

T: One nostril, two fingers cannot enter.
Mg: Mundu jumo ngakomboleka kutenda yindu yiŵili ndaŵi jimo.
M: A person cannot do two things at once.
Wv: 1) Causality; 2) Time.

110. Lusulo lwangali mesi, ngasimgona

T: The river without water, you should not sleep.
Mg: Ganisyaga kaje mkaniwutende cindu cilicose ligongo ngawukumanyilila yakwamba kusogolo.
M: Think first before you do something because you don't know about the future.
Wv: 1) Causality; 2) Time.

Mundu jwine jwajendaga ulendo wakwe welewu. Ali mkwenda jwayice ku lusulo lwine ni jwaŵecete jika jakwe kuti, "Eja! Cingone m'lusulomu ligongo jwangali malo gane gampaka ngone. M'lusulo muno mukuwoneka kuti muli mwakusisimila cenene." M'lusulo mula mwaliji mwangali mesi, ni jwagonile. Nambo pajwaliji m'lugono gayice mesi kutyocela kwitumbi, ni gamjigele mundujo kuja kumponya ku nyasa ni jwawile papopo.

A certain man was travelling on a long journey. He reached a place where there was a riverbed and he said to himself, "Yes! I will sleep here in the river because I have no place to sleep. In the riverbed here it looks to be nice and cool." In the river there was no water and so he slept there. But while he was sleeping water came from the mountain and swept him away into the lake and there he died.

111. Luwundu wasyegwe

T: Dust is yourself.
Mg: Naga ukusaka yindu, ngawukwenela kwajegama ŵane, nambo kuli kwambone kulitendela.
M: If you want something you should not rely on others but you should get it from your own effort.
Wv: 1) Causality.

112. Lyuŵa liŵasilemo mjotele cilepe

T: When the sun shines, bask in it before it's too late.
Mg: Kuli kwambone kutenda yindu ndaŵi jili ciŵela, ligongo naga kokoŵa komboleka kulepela.
M: It is good to do things while there is time, because putting them off can lead to failure.
Wv: 1) Time; 2) Causality.

113. Magambo gangasumanya ni yinangwa

T: A court case is not bartered for with cassava.
Mg: Ngaŵa cenene kunda kuti ŵawonje pa magambo.
M: It is not good to agree to be bribed at a court case.
Wv: 1) Causality; 2) Classification.

114. Majani gangalangana gagonile mitelamitela

T: The baboons that did not agree slept in different trees.
Mg: Kulanganaga pakusaka kutenda yindu ya pa gulu, ligongo naga ngalangana kaneko jwalijose cacitenda mwakwemwakwepe.
M: Unity is important when doing group work because if you don't agree then everyone will just do things their own way.
Wv: 1) Self; 2) Causality.

115. Majani gangasekana micila

T: Baboons don't laugh at each other's tails.
Mg: Ngasekaga yakulepela ya ŵane ligongo nombe ugwe mpaka ulepele yeleyo.
M: Don't laugh at each other's failings because we can also have the same ones.
Wv: 1) Self; 2) Classification.

116. Maloŵe ga acakulungwa gakusanong'a gali gagonele

T: Old people's words become sweeter after some days.
Mg: Upungu wa acakulungwa ukusapikanika pati usimene ni yipwetesi.
M: Old people's advice becomes understandable when you have met with pain.
Wv: 1) Time.

117. Mama ŵenu ni mama ŵenu, ngawona kunondipa lukongolo

T: Your mother is your mother, don't see the smallness of the leg.
Mg: Nganyosyaga acinangolo ligongo lya kawonece kawo.
M: Don't ridicule your parents because of their appearance.
Wv: 1) Self; 2) Classification.

118. Mani kuŵecetaga gakwe

T: Hunting, speak about your own.
Mg: Ngasalaga ungalumbana wa ŵandu ŵane.
M: Do not tell people about other people's mistakes.
Wv: 1) Causality.

Jwapali mundu juŵakamulaga masengo gakusakula mani. Lisiku line jwele mundujo jwapite kwitinji kusakula manigo. Lyele lisikuli jwalakwejo jwakwete upile mnope mwakuti jwawuleje mbaŵala siŵili. Pa lisiku lilili lisimba nombe nalyo lyatyosile kwitinji kwawula ku musi. Kweleko lisimbalyo lyakamwile ŵanace ŵaŵili ŵa mwenye. Ŵandu ŵalinjile kulitoposya lisimbalyo nambo nganaliwona yalyatite pakwenda. Mundu jwakusakula manijo juli mkuwuja jwasimene nalyo lisimbalyo petala. Lisimbalyo lyam'wusisye mundujo kuti, "Mkutyocela kwapi?" Mundujo jwajanjile kuti, "Napite kwitinjiko. Kweleko ni kumbatile mbaŵala siŵilisi." Nombe nalyo lisimba lyatite, "None ngutyocela ku musiko. Kweleko ni kungamwile yinyama yiŵiliyi." Kaneko ŵalekangene, lisimba kwawulaga kumangwakwe kwitinji, nombe najo mundu jula jwajawulaga kumangwakwe ku musi. Juli juyice ku musi, mundu jula jwasimene ŵandu ali mkulila. Jwalakwejo jwawusisye ŵanduwo kuti, "Ana jamani akulila cici?" Ŵanduwo ŵajanjile kuti, "Lisimba lyayice ni likamwile ŵanace ŵaŵili ŵa mwenye!" Mundujo jwajanjile kuti, "Yakuwona une simene nalyo lisimbalyo petala lili lijigele ŵanace ŵaŵiliwo". Pajwaŵecetaga yeleyi mundujo, lisimba lila lyaliji mkupikana ni lyaŵecete jika jakwe kuti, "Aju munduju jukwasalila ŵane yandesile une nambo posepo une nganinamsalila jwalijose yajutesile jwalakwejo". Pelepo lisimba lila lyajile kutola ŵanace ŵa mcimwene ŵala ni kuja kwaŵika m'nyumba mwa mundu jula. Ni lyajigele mbaŵala sila kwawula nasyo kwitinji. Ŵandu ŵala ŵapite kwitinji kula kukulisosasosa lisimba lila, nambo nganalisimana. Kaneko ŵandu ŵala ŵawujile ku musi ni nganisyo syakuti basi alepele kwapata ŵanacewo. Ali ayice, ŵanduwo ŵamŵendile mundujo kuti, "Sambano kwende kumangwenu tukajigale mbaŵala siŵili sila tulye pakuŵa tupesile mnope". Ali ajinjile m'nyumba mwa mundujo, ŵanduwo ŵasimene ŵanace ŵa mwenye ŵala ali m'nyumbamo nambo ali ŵawe. Kaneko ŵanduwo ŵam'wuleje mundujo paganisya kuti jwalakwejo ni juŵawuleje ŵanacewo. Lyelelitu ni ligongo lyakwe tukusala kuti, "Mani kuŵecetaga gakwe!"

There was a certain man whose job was hunting. One day the man went into the bush to do this. The hunter was lucky because he killed two impala. On the same day a lion came out of the bush and went into the village and caught two children of the chief. The people tried to chase away the lion but they didn't see the way that it fled. Now when the hunter was coming from the bush he met with the lion on the path. The lion asked the man, "Where are you coming from?" The man answered, "I'm coming from the bush, where I caught two impala". The lion also said, "I'm coming from the village where I caught these two animals". Then after that they both seperated, the lion going back to its home in the bush and the man going to his home in the village. When the man arrived at the village he found the people crying. So he asked them, "Why are you crying?" They answered him, "The lion came and caught two children of the chief". The man said, "It is true, I have seen a lion on the path carrying the two dead children". The lion heard the man speaking about this and the lion said to itself, "This man is revealing things about me, but I didn't reveal about him". So the lion took the two children of the chief and went to the man's house and left them there. Then it took the two impala and then it went into the bush. The people of the village went to the bush and searched for the lion but they didn't find it. When coming back all the people thought the children must be dead because they had failed to find them. When they came they asked the man if they could go to his house to get the two impala to eat because they were tired. When they entered the man's house, to take the two impala, the people found the two dead children of the chief. Then the people killed the man because they thought that he was the one who had killed the children of the chief. And that is the reason why we say, "Hunting, speak about your own!"

119. Manyi gakala ganganunga

T: Old faeces don't smell.
Mg: Ŵandu ngakusayiwona yindu yakala kuti yili yakusosekwa.
M: People do not see the things of the past as being important.
Wv: 1) Time; 2) Classification.

120. Mapuluputu gaŵili gangaleka gundana

T: Two buttocks cannot avoid hitting each other.
Mg: Pali ŵandu ŵajinji pangalepela kulolegana.
M: Where people are living in close proximity they can expect to have friction.
Wv: 1) Space; 2) Causality.

121. Masiku gakumala ni gona

T: Days end with sleeping.
Mg: Ngadandawulaga naga yindu yikokoŵa, apilileje.
M: Don't worry if things are being delayed, be patient.
Wv: 1) Time.

122. Matemba ga mwisamba gangapasya

T: Fish wrapped in leaves should not be tasted.
Mg: Yindu yine yikusasosekwa kutenda pa ndaŵi jakwe.
M: Certain things should only be done in their own time.[33]
Wv: 1) Time; 2) Space.

123. Mbatembate, jangakaŵa kupata liŵanga

T: I get, I get, does not take time to get a wound.
Mg: Kuwutucila kupata yindu mwacitema ukusasimana ni yipwetesi.
M: In rushing to get things one can meet with painful consequences.
Wv: 1) Causality.

Ŵandu ŵatatu ŵaliji pa ulendo. Ali mkwenda mwitala ŵalokwete msaku wa mbiya. Ni ŵalangene kuti, "Patukayice pa malo gakupumulila, tukalye kaje yakulya yetuyi ni tukagaŵaneje mbiyasi cenene". Nambo jwalijose mwa ŵandu ŵatatuwo ŵaganisyaga kuti, "Mbiyasi naga sili syangu jikape nikuti mpaka yiŵe cenene". Ni sambano ali ayice pakupumulila pala, jwatyosile mundu jumo kuja kuteka mesi gakumwela ni ŵasigele ŵaŵili. Juŵapite kuteka mesi jula jwaganisisye yakuti mesigo jutaje mtela kuti pacakamwe acimjakwepo akawe, mbiyasyo julye jikape. Nombe nawo ŵaŵili ŵala ŵaliji mganisya kuti, "Yakulya yetuyi tulye, yakusigalayo tutaje mtela kuti

3 This *citagu* alludes to sexual encounter and sexual practice at appropriate times.

jwapite kuteka mesi jula pacijulyepo juwe. Uweji mbiyasi tugaŵane ŵaŵilipe syejinji mnope". Jwakuteka mesi jula juli juwusile jwapele mesi gala ŵaŵili ŵiŵasigele ŵala kuti amwe pakuŵa ŵalilile cile yakulya yawo, gasigele mesipe. Pakuŵa mundujo jwatasile mtela mesigo, ŵandu ŵaŵili ŵala, paŵamwele ŵawile papopo. Ni jumo jula jwasigele juli mkupocela kuti mbiyasyo cijujigale jikape. Ni pakuŵapo jamkwete sala jwatandite kulya yiŵasigesye acimjakwe yila juli ngajukumanyilila kuti yakulyayo soni yaliji yetaje mtela. Ni jwalakwejo pajwalile, jwawilile soni papopo. Ni kusyuka kuti mbiya sila pangali ŵiŵajigele mwa ŵatatu ŵala ligongo wosope ŵasakaga kuti akole syejinji. M'malo mwakwe ŵaganisisye mwakusokonecela ni kuwulagana.

Three people were on a journey. While on the way they found a sack filled with money. They discussed this saying, "When we arrive at our resting place we will eat the food first, then we will share the money". Among the three people each one thought it would be better to have the money for himself. Now, when they arrived at the resting place, one person went to fetch drinking water while two remained behind. So the one who went to fetch water decided to poison the water so that when his friends took the water they would die and he would have the money for himself. The two people also decided saying, "Let us eat the food and pour poison in the remaining food of the one who went to fetch the water. When he eats he will die, then we will divide all of the money between the two of us and we will have a lot." When the one who went to draw the water returned he gave some water to the two people to drink. They had already eaten their food therefore it was only water remaining to be drunk. Because the water was poisoned, as soon as they drank, the two people died right there. The other person who remained was happy because he would take all of the money. But because he was hungry he started to eat the remaining food of his friends without knowing that it was poisoned as well. When he ate the food he died right there. So it happened that no one took the money because everyone wanted to have a lot. Instead they had wrong thoughts and they killed each other.

124. Mbusi jikulya pajitaŵilile

T: The goat eats where it is tied.
Mg: Ŵandu akusakamulisya masengo yindu yayaŵandicile.
M: People take advantage of the situation in which they find themselves.
Wv: 1) Self.

Mbusi jikulya pajitaŵilile

The goat eats where it is tied

125. Mbwa jikusaguma kumangwakwe

T: The dog barks at its own home
Mg: Mundu akusalapwa ali aŵandikene ni ŵakumcenjela.
M: A person is brave when they are in close proximity with those who can protect them.
Wv: 1) Causality; 2) Space.

126. Mcembe umo wangalisya musi wosope

T: One mango tree does not feed the whole village.
Mg: Ngajegamilaga pa mundu jumo kuti apeleceje yakusoŵa ya ŵandu wosope.
M: People should not rely upon just one person to supply all of their needs.
Wv: 1) Causality; 2) Self.

127. M'citipula mwangajuŵa

T: In the tilled bare soil you cannot hide yourself.
Mg: Yindu yakuti jwalijose ayimanyi, ngaŵa mkuyisisa.
M: Things done in public can never be made private.
Wv: 1) Space; 2) Classification.

128. Membe jakujijilika jasimene ni mcimba

T: The unstable fly met with a lump of faeces.
Mg: Ngatendaga yindu mwakupupuluma ligongo ucisimana ni yipwetesi.
M: Don't rush when doing something because you may meet with painful consequences.
Wv: 1) Causality; 2) Time.

129. Mesi gangaliŵalila lukoloma

T: Water does not forget the riverbed.
Mg: Cindu cekulungwa cicatendekwe kalakala cangaliŵalika.
M: The great things that happened long ago are unforgettable.
Wv: 1) Time.

130. Meso kusakasya, m'kamwa kunong'a

T: To the eyes it looks bad, in the mouth it tastes good.
Mg: Ngacicembulusyaga cindu cangacilinga.
M: You should not condemn something before you try it.
Wv: 1) Classification.

131. M'kamwa mwa ngwena mwangapisya mkono, kogopa maŵanga

T: In the mouth of a crocodile your arm should not pass, for the fear of getting wounds.
Mg: Ngayitandaga mele yakogoya ligongo nampanji kusimana ni yipwetesi.
M: Don't do something dangerous deliberately because it may have painful consequences.
Wv: 1) Classification; 2) Causality.

132. Mlendo ni jwakusayika ni kalwembe kakutema

T: A stranger comes with a small sharp knife.[34]
Mg: Ndaŵi sine cikamucisyo cikusatyocela kwa mlendo.
M: Sometimes visitors can be of help.
Wv: 1) Self; 2) Allegiance.

Ŵapali ŵandu ŵa mtundu umo ŵaŵasongangene pampepe kuti amyolane mbala. Yeleyi yatendekwe ligongo pa malopo paliji pali pawonece malilo. Ni ŵandu ŵaŵasongangenewo ŵaliji ku mlango. Cakusawusya cacapali pele pa malopo caliji kusoŵa kwa lwembe lwakutema. Lwembe luŵakamulicisyaga masengo pa malopo lwaliji lwangatema cenene mwakuti masengo gakumyolanago nganigajendaga cenene kose. Pa malo papopo paliji pana mlendo juŵagambile kutama myoyo. Jwalakwejo juli juyiweni yayatendekwagayo jwakopwesye kalwembe kakwe ni jwatite, "Uli akalinje aka kalwembe kanguka". Ŵanduwo ŵapocele ni ŵatandite kamulisya masengo kalwembe ka mlendoko. Kalwembeko kaliji kambone, nambo soni kakutema cenene mwakuti masengo gakumyolana mbalago sambano gajesile cenene kwabasi.

[34] The knife could also be a razor blade, which is common these days for shaving heads in the village.

There was once a group of people from one family who gathered together to shave each other's heads. This happened because at that place there was a funeral and the family was gathered together at the deceased's home. But there was a problem because they lacked a sharp blade. The blade they were using was blunt and the shaving was not proceeding at all well. However, at that place there was a stranger who just happened to be sitting there. When he saw what was happening he extracted his small knife and said, "Can you try my small knife?" The people received it from him and started to use it for the work. The small knife was excellent and it was very sharp, so much so that the work of shaving proceeded very well indeed.

Mlendo ni jwakusayika ni kalwembe kakutema

A stranger comes with a small sharp knife

133. Mlendo ni mangame

T: A visitor is dew.
Mg: Mlendo jwangakaŵa kutyoka.[35]
M: A visitor does not stay long.
Wv: 1) Time; 2) Classification.

134. Mlinde mesi gapite ni mŵeceteje kuti, 'Njaliwe'

T: Wait for the water to pass then say, 'I am blessed'.
Mg: Ngawutucilaga kusangalala mkanijiwonece mbesi ja cinduco.
M: Do not be quick to rejoice before you see the end result of something.
Wv: 1) Time; 2) Causality.

135. Mmela ni pandanda

T: A crop is at the beginning.
Mg: Kutendaga kaje yindu yakusosekwa pandanda kuti yine yijende cenene.
M: Do important things first so that other things can continue well.
Wv: 1) Time; 2) Causality.

136. M'musi mwasyene mwangasinjila singwa

T: In someone else's village, a wreath cannot be threaded.[36]
Mg: Mundu ngaŵa mkola ukoto wosope pa musi wa acimsyene.
M: A person does not have total freedom to do what they want in other people's village.
Wv: 1) Self; 2) Classification; 3) Allegiance.

---

[35] This can be interpreted as being good or bad depending on the visitor.

[36] The *singwa*, wreath is used for carrying things such as water pots or any other heavy objects on one's head.

137. Mpamba wakulolela wangakaŵa kwinjila m'meso

T: A watched arrow does not take time to pierce the eyes.
Mg: Naga kuciwona cakusawusya cili mkwika, bola kuciŵambala mwacitema.
M: If you notice a problem coming, you should quickly take precautionary measures to avoid it.
Wv: 1) Time 2) Causality.

Mundu jwine ni acimjakwe jwajawulaga kukuputa ngondo. Ali kweleko yasimanikwe kuti jemanjaji ŵaponyaga mipamba jawo. Nombe acimjawo ŵaŵamenyanaga nawowo ŵaponyaga mipamba jawo soni. Ni sambano lisiku line mundu jwine jwambali jinejo jwaponyisye mpamba wakwe. Mpambawo wamlondite mundu jula. Sambano mjakwe jwawuweni kuti ukwika mpamba, ni ŵamsalile mundujo kuti, "Mmwe msamale, ukwika mpamba". Mundu jula jwatesile makani kuti, "Une mpamba welewo nguwuwona, soni ngawunjopa". Nambo paligongo lyakuti jwagambaga kuwulola, mpamba ula wayice ni kumcopa m'liso mwakuti jwawulele nawo.

A certain man and his friends went to fight a war. Once at the place they began shooting their arrows. Their opponents who were fighting the war also shot their arrows. Now another day someone from the opposition shot his arrow. That arrow was aimed at the man who had come with his friends. Now his friend saw the arrow coming and he said to him, "Hey you! Take care an arrow is coming." But, the man was stubborn and said, "I am seeing that arrow and it won't stab me". But because he just stood there and looked, the arrow stabbed him in the eye and he was injured.

Mpamba wakulolela wangakaŵa kwinjila m'meso

A watched arrow does not take time to pierce the eyes

138. Mtwe umpepe wangatwicila cipagala

T: One head does not carry a small thatched roof.
Mg: Ngalinganyaga mwajikape yakusawusya yakusosekwa kulinganya ŵandu ŵajinji.
M: Don't try and solve problems that require other people's help, by yourself.
Wv: 1) Self.

139. Mtwe wekulungwa wangasyemba suŵa

T: A big head cannot dodge a fist.
Mg: Mundu jwamkulungwa ngaŵa mkuŵambala udindo wakwe.
M: An elder cannot avoid their responsibilities.
Wv: 1) Classification.

140. Mwajipite singano, ulusi ukusapita m'momo

T: Where the needle has passed, the thread will pass in the same way.
Mg: Cindu cakusatenda acinangolo, ŵanace akusatenda cicoco.
M: That which the parents do, the children will also do the same.
Wv: 1) Causality.

141. Mwakwenda mwangacapa kasoti

T: On a journey, the small prayer hat cannot be washed.
Mg: Naga uli ku cilendo kutendaga yindu yakulandana ni ŵandu ŵa kweleko.
M: If on a journey, behave like the people of that place.
Wv: 1) Causality; 2) Self.

142. Mwanace jwa ajenu ni jwenu, bola kalamuka yala, cimlye najo

T: Your friend's child is yours, better have clever hands, you will eat with him.
Mg: Kwasamalilaga ŵanace ŵa ŵane ligongo nampanji kusogolo kukukamucisya.
M: Care for the children of other people because in the future they may help you.
Wv: 1) Self; 2) Causality.

143. Mwanace jwakaŵile uŵasi

T: The child plucked the mushroom.
Mg: Mundu jwangacimbicika akusakomboleka kutenda yekulungwa.
M: Even the lowly can do great things.
Wv: 1) Classification.

144. Mwanace jwasyene jwangam'waca mlimba[37]

T: The child of someone cannot be clothed in rags.
Mg: Kusamalilaga yindu ya mundu jwine yayili m'myala mwakwe.
M: Care for the things of others that are in your hands.[38]
Mg 2: Ŵandu ngakwenela kulola umakonope wa mwanace jwa ŵane.
M 2: People are not supposed to see the nakedness of someone else's child.
Wv: 1) Self.

145. Mwitinji mwalemile ce Lijoka

T: In the bush, Mr. Snake failed.
Mg: Ngakunyosyaga kumangwakwe ligongo lisiku line ucisaka kuwujila.
M: Do not look down at your own home because one day you will want to return.
Wv: 1) Self; 2) Causality.

---

[37] In the past the *mlimba* was worn by men and women as clothing, however today, the term *mlimba* usually refers to the menstrual cloth worn by women.
[38] This *citagu* is often referred to when it is orphans who are negelected in a family.

146. Naga ajawo ali mkupya ndewu, ŵasimisye ligongo nombe nawo cacisimisya moto pa ndewu syawo

T: If your friend's beard is burning, extinguish it, because he will also extinguish the fire on your beard.
Mg: Naga ukwakamucisya ŵane, ucipata soni cikamucisyo kusogolo.
M: If you help others, you will also find help in the future.
Wv: 1) Self; 2) Causality.

147. Naga ali mwitinji akole yida

T: If you are in the bush, have tools.
Mg: Mundu utameje tayali mu ndaŵi jakwe.
M: One should be ready at the appropriate time.
Wv: 1) Time; 2) Causality.

148. Naga ce Litunu ali agwilile mwisimbo, ŵangaŵeceta cine cilicose

T: If Mr. Hyena falls into the pit, he does not speak anything.
Mg: Mundu jwawukweleko naga yimsimene yakusawusya, akusalepela kupata cikamucisyo.
M: A troublesome person will fail to find help when they are in trouble.
Wv: 1) Allegiance; 2) Causality.

149. Naga kukulindima, ajilindilile ula

T: If it thunders, wait for the rain.
Mg: Kuti umanyilile naga ngani jili jakuwona, ujembeceye umboni wosope.
M: To know if a story is true, wait for all of the evidence.
Wv: 1) Classification; 2) Time.

150. Naga mwanace ali mkulilila liwupa, ampe liwupalyo

T: If a child cries for a bone, give him that bone.
Mg: Naga ŵandu ali mkutenda makani kwalekaga kuti ayiwone acimsyene.
M: If people are unwilling to listen to your advice, let them learn it for themselves.
Wv: 1) Causality.

151. Naga nyuci sili syejinji syangaŵika uci

T: If too many bees, honey will not come.
Mg: Naga ŵandu atupile mnope, masengo ngagakusajenda cenene ligongo lyakuti akusagamba kulecelana.
M: If there are too many people, work will not go well because they will just leave it for others to do.
Wv: 1) Causality.

152. Naga ula jikuweni likaku, jangaleka kukugwila

T: If the rain has seen dirt on you, it does not stop falling on you.
Mg: Mundu naga utapene, yakusawusya yikusagambaga kukuyicililape.
M: If a person has bad luck, problems will just keep on coming.
Wv: 1) Causality.

153. Naga usakele umanyilile nyimbo

T: If you are ugly you should know a song.
Mg: Naga mundu ngakombola kutenda yindu yine, akwenela kutenda yine yacakombole.
M: If a person is not able to do one thing, they should do something else which they are able to do.
Mg 2: Mundu naga usokonasisye pa malo, ukomboleje kuŵeceta.
M 2: If a person has done something wrong somewhere, then they must be able to talk their way out of it.
Wv: 1) Classification.

154. Namtundila japelelwe mapapiko ligongo lya kulya

T: The *namtundila* beetle failed to have wings because of eating.[39]
Mg: Kunyela ngaŵa kwambone ligongo ukusalepela kutenda yindu yakusosekwa.
M: Greed is not good because it makes us fail to do important things.
Wv: 1) Causality; 2) Time.

Jwapali mundu jwine juŵayiŵilasile yijuni yosope kuti yikapocele mapapiko. Yijuniyo yili pa ulendo wakwawula kukupocela mapapikogo, yasimene ni namtundila jili mkulya. Yijuniyo yaŵecete kwa namtundilajo kuti, "Kwende tukapocele mapapiko". Namtundilajo jajanjile kuti, "Alongoleleje cimbice malaŵi, ngulya kaje". Yijuniyo yapelengenye ulendowo. Pakuwuja, yijuniyo yatesile ulendo waguluka ligongo yosope yapocele mapapiko. Yayice pajaliji namtundilajo ni yatite soni kuti, "Mjawule mkapocele mapapiko". "Cinjawule malaŵi, ngulya kaje." Jajanjile myoyo namtundilajo. Ni yijuniyo yagambile kuti, "Yambone".

Kundaŵi, namtundilajo jatyosile ulendo wakwawula ku maloko. Pajayice kweleko, mundu jula jwajikomasisye namtundilajo kuti, "Kwambone?" Ni jajanjile kuti, "Eee, nyice kukupocela mapapiko". Mundujo pakwanga jwatite, "Kwangali, gamasile liso". "Nambo liso uneji nganimbocela ligongo kwaswelele." Jadandawile myoyo namtundilajo. Mundujo jwawusisye kuti, "Mwaliji kwapi?" "Nalyaga," jajanjile myoyo namtundilajo. Ni mundujo jwatite, "Pepani pangali gagasigele".

There was a man who called all of the birds to come and receive wings. Now while the birds were going they met the *namtundila* beetle on the path eating and they said to it, "Let's go and receive wings". But it said, "You go ahead, I will come tomorrow, I am eating first". So the birds proceeded on their journey. On their return from that place the birds flew because they all had received wings. When they met the *namtundila* again they said, "Go and get your wings". But the *namtundila* said, "I am eating, I will go tomorrow". The birds said, "Ok".

The next morning the *namtundila* left and went to that place. When it arrived the man greeted it asking, "Can I help you?" The *namtundila* answered, "Yes, I have come to get wings". But the man said, "There are none, they were finished yesterday". But the *namtundila* complained, "But

[39] The *namtundila* is a type of beetle. It looks as if it was intended to have wings.

yesterday I did not receive because it was late". The man asked, "Where were you?" The *namtundila* answered, "I was eating". The man said, "Sorry, there are none left".

Namtundila japelelwe mapapiko ligongo lya kulya

The *namtundila* beetle failed to have wings because of eating

155. Ndakutendaga, jwajimwice mwanace

T: I may do, the child woke up.
Mg: Kutenda yindu mwakokoŵa, ukusalepela.
M: To delay in doing something invites failure.
Wv: 1) Causality; 2) Time.

Mundu ni ŵamkwakwe pampepe ni mwanace ŵagonile m'nyumba. Mwanacejo jwaliji m'lugono pa ugono, nambo ŵandu ŵaŵiliwo ŵaliji mesope. Japali ndaŵi jakuti jemanjawo akakombolece kupanganya ya mu ulombela. Nambo ŵalume ŵatite, "Iyayi, ndaŵi nganijiŵe cindendepe!" Ŵakongwewo ŵatite kuti, "Iyayi wawo akacelewa ligongo mwanacejo cajimuce ni citulepele kupanganya". Ŵalumewo ŵapitilisye kutenda makani. Ni ŵatite, "Iyayi citupanganyepe, ndaŵi jipali". Mapeto gakwe mwanace jula jwajimwice ni jwaliji mesope cilo cosope. Sambano, m'nyumbamo ŵandu ŵala ŵatesile soni. Ni akalaga ŵandu akusati, "Ndakutendaga jwajimwice mwanace".

A man and his wife were sleeping in a house with their child. The child was asleep on the mat, but the adults were awake. There was time for them to be able to have sexual intercourse. But the man refused saying, "It is not the right time. But I will do it!" But his wife said, "Don't be late because the child will wake up and we will fail to have intercourse". But the man refused and said, "No, we will have intercourse, there is time". In the end the child woke and was awake all night. So the two people in the house were ashamed. That is why people say, "I may do, the child woke up".

156. Ndewo jangataŵa musi

T: A fight does not build a village.
Mg: Kangana kukusajonanga yindu yejinji.
M: Arguing destroys many things.
Wv: 1) Self.

157. Ndolite pakutalika, lijani lyalikatile lukosi

T: I saw from a distance, a baboon cut its throat.
Mg: Kulolecesyaga kaje mkaniwusyasye ligongo nampanji kusimana ni yipwetesi.
M: Examine something first before doing it, as it may have painful consequences.
Wv: 1) Causality.

Paliji pana mundu jwine juŵakamulaga masengo gakutota sapato. Jwalakwejo jwakamulilaga masengogo pasi pa citela ca mcembe. Nambo paliji pana soni lijani lilyatamaga m'citelamo. Lijanilyo lyalolaga yajwatendaga mundu jula pakata lipende ni cipula. Naga mundu jula jutyosile, lijani lila lyatulukaga m'citelamo ni lyakatanyaga mapende gala. Kaneko ni kwela soni m'citelamo. Mundu jula pakwika jwagasimanaga mapende gala gali gekatanyekatanye. Yeleyi yatendekwe kwa ndaŵi jelewu. Mundu jula jwayikopocele kuti lijanilyo ni lilyakatanyaga mapendego. Kaneko mundujo jwaganisisye yakuti julipwetece lijanilyo. Myoyo mundujo jwajigele cipula cila ni kutendaga mpela jukata lukosi lwakwe. Lijanilyo lyagambaga kulola yeleyi. Kaneko mundujo jwacilesile cipulaco ni jwatyosile. Juli jutyosile lijanilyo lyaganisisye yakutuluka m'citelamo kuti likatende yajwatendaga mundu jula. Myoyo lijanilyo lyajigele cipulaco ni kutanda kulikata pa lukosi, mpaka lyawile.

There was a man whose job was to make and repair shoes. He carried out his work at the base of a mango tree in which also lived a baboon. The baboon watched the man cut the leather with a knife. However, if the man left the tree, the baboon would climb down and cut up the leather, then it would climb back up the tree again. On coming back the man would find the leather cut to shreds. This happened time and time again. The man discovered that it was the baboon that was cutting up the leather. Then the man had an idea of how he could punish the baboon. So the man got his knife and he started to make out as if he were cutting his own throat. The baboon just sat and watched him do this. Then the man left the knife and went away. While he was gone the baboon decided to climb down from the tree and copy what the man had done. So the baboon picked up the knife and began to cut its own throat and did so until it died.

Ndolite pakutalika, lijani lyalikatile lukosi

I saw from a distance, a baboon cut its throat

158. Ngakasa lupale ligongo lyangali meno

T: Don't smash the cooking pot because of not having teeth.
Mg: Ngajonangaga yindu yakuti acimjakwe mpaka ayikamulisye masengo ligongo lya lupuso.
M: Don't destroy things that others can use because you are jealous.
Wv: 1) Causality; 2) Self.

159. Ngamanyilile, ngatelece linyololo

T: If I had known, I would have cooked okra.
Mg: Ngadalilaga yindu yangayiwona nampanji kulepecekwa.
M: Don't rely on things that are not seen, because they may fail to eventuate.
Wv: 1) Time; 2) Causality; 3) Classification.

160. Nganga syapangene mkanikuce

T: The guinea fowls planned before dawn.
Mg: Kuli kwambone kupangana pakutenda yindu ndaŵi mkanijimale
M: It is good to make a plan about doing something before it is too late.
Wv: 1) Time; 2) Self.

161. Ngatame nawo, ŵakowele malilo[40]

T: Let me stay with them, peeled skin from the dead body.
Mg: Ngajinjililaga yindu yangawukuyimanyilila nampanji konanga.
M: Don't intervene in things that you know nothing about, as you may destroy them.
Wv: 1) Causality; 2) Classification.

[40] In the past, before the burial of a village headperson, the deceased would be seated in a house as if he/she was still alive. Therefore, if one entered the dark house, they may sit next to the village headperson without knowing that this person is dead and they may unintentionally disturb the body.

162. Ngokoŵela jampelele ngala lukosi

T: Lateness made the crab miss out on getting a neck.
Mg: Cisyewu ngaŵa cambone ligongo ukusalepela kupata yindu.
M: Delaying is not good because it will make you fail to get things.
Wv: 1) Time; 2) Causality.

Yapali yinyama yejinji yayaŵilanjigwe kuti yipocele ngosi. Yinyama yosope yayice, jasigele ngalape. Ni yinyama yosope yayayiceyo yapocele ngosi ni yajawulaga. Kaneko ngala jakopocele ni jatite kuti, "Nombe une nyice kukupocela lukosi". Nambo yaliji yacanasa kuti ngala nganijipocela lukosi ligongo jakopocele pa malopo mwakokoŵa. Ngosi syosope syamasile. Syapelecegwe kwa yinyama yayayice mwakwanguya. Basi, ngala ni jajawulaga jili nganijipocela lukosi. Kutyocela pelepo ngala nganijikola lukosi mpaka lelo jino.

There were many animals that were called to come and receive necks. All the animals came, except the crab which remained behind. All of the animals that came received necks and then they went back. Then the crab arrived saying, "I have come to receive a neck also". But unfortunately the crab came too late to receive its neck. All the necks were finished; they were given to the animals that came quickly. So then the crab went, but it did not receive a neck. From then on the crab has not had a neck to this day.

163. Ngomo kasa musi

T: Lips break the village.
Mg: Misece ni kuŵeceta yangalumbana ya mundu yikusaŵenganya ŵandu.
M: Gossip and slander cause enmity between people.
Wv: 1) Causality.

164. Ngondo, acanasi

T: War; friends and relatives.
Mg: Ŵandu ŵakusyoŵekana nawo akusakomboleka kukuwonesya yipwetesi.
M: Those who are closest to you are able to cause you pain.
Wv: 1) Self; 2) Causality.

165. Nguju syakulya mwanace syapotokwele acakulungwa

T: Figs eaten by the child made the adults' stomachs churn.
Mg: Yitendo yakusakala ya ŵanace yikusiyalagasya acakulungwa.
M: Adults are troubled by children's bad deeds.
Wv: 1) Causality; 2) Self.

166. Nguku jacilendo kuŵengana ni yitotola

T: A newly arrived chicken is vulnerable to eagles.
Mg: Naga uli mlendo ukwenela kwenda mwakusamala ligongo pana yakogoya yangamanyika.
M: If you are a stranger you should travel with care because there are unknown dangers.
Wv: 1) Self; 2) Causality.

167. Nguku jalupuso jangasosola

T: A jealous hen does not hatch.
Mg: Litima ngaŵa lyambone ligongo likusakulepekasya kutenda yindu yakusosekwa.
M: Jealousy is not good because it makes one fail to do important things.
Wv: 1) Causality.

168. Nguwo jakwasima jangalimba pa cilu

T: A borrowed cloth does not last long on the body.
Mg: Ngakulupililaga ya ŵane ligongo komboleka kukusumula ndaŵi jilijose.
M: Don't rely on that which belongs to others because they can take it back at anytime.
Wv: 1) Classification; 2) Time.

169. Njanguye kwikuta, likambale lyawile mu msolola

T: Let me get satisfied quickly, the catfish died in the fish trap.
Mg: Ganisyaga pakusaka kutenda yindu ligongo atamose yikusawoneka yambone, yindu yine yili yakogoya.
M: Think before you do anything because, even though the situation looks good, some things are dangerous.
Wv: 1) Time; 2) Causality.

Mundu jwine jwajigelc msolola ni jwapite kutega m'mesi, kuti somba sijinjile ni silepele kopoka kuti jwelejo jupate mboga. Mu msololamo jwalakwejo jwaŵisile yakulya. Juli juŵisile m'mesimo, makambale gayice gacijendagajendaga kusosa yakulya. Makambale gala gayiweni yakulya yejinji mnope yiyaliji mu msolola mula. Sambano likambale limo lyaŵecete kuti, "Aaa! Une ngulaga cici? Kuli uli njawule amo mwayili yakulya yejinjimo, kuti ngajikute citema?" Likambalelyo lyajinjile m'kati mula, lyalile ni lyajikwite. Nambo kuti likopoce lyalepele, ligongo pa malo pakupitilapo paliji pakomboleka kwinjililape. Mwelemo ni mujwapanganyicisye msyene msolola ula. Msyene msolola jwayice kutyosya msolola wakwe ni kulola naga mwaliji mwana somba mu msololamo. Ni jwalisimene likambale lili litanjile. Jwalakwejo jwajigele likambale lyelelyo kuja kutenda mboga kumangwakwe. Kweleko ŵandu ŵatite, "Njanguye kwikuta, likambale lyawile mu msolola".

A certain person took his fish trap and went to place it in the water so that fish would go inside and become trapped. The man did this to find food for relish. Inside the trap he put some food. When he put the trap in the water the catfish came and were moving everywhere looking for food. The catfish saw that there was plenty of food in the trap and one catfish said, "Ah! Why am I suffering? Why don't I go in where there is plenty of food so that I can get satisfied quickly?" The catfish entered inside, ate the food and became satisfied. But it failed to go out, because the place where it had entered was made for entering only. That is how the owner made that trap. The owner came and removed the trap to see if there were fish inside and he found a catfish that was trapped. The man carried the catfish home to make relish and there the people said, "Let me get satisfied quickly, the catfish died in the fish trap".

170. Njipi jakwendajenda jasimene ni cala

T: A louse moving about met with a finger.
Mg: Naga kutenda yindu mwangaganicisya ukusasimana ni yipwetesi.
M: If you are careless in doing things you may meet with a disaster.
Wv: 1) Causality; 2) Time.

171. Pa m'bulili pangakokonela

T: At the shade you don't wipe your bottom.
Mg: Ngajonangaga pa malo pakupatila cikamucisyo.
M: Don't destroy the place (things or relationships) from where you get help.
Wv: 1) Self; 2) Causality.

172. Pa ugono pangasakasya

T: On the mat where you sleep don't pollute.
Mg: Ngayilekaga yindu uli ujonasile ligongo pasogolo ciwuyisosa soni.
M: Don't be careless with things because you may need them again in the future.
Wv: 1) Self; 2) Causality.

173. Pa ulombela pangatambalika[41]

T: Marriage is not a place to stretch one's legs.
Mg: Ngalipelekaga mwakupundasya mnope pa ulombela ligongo komboleka kukutopola ndaŵi jilijose.
M: Don't invest too much at the place where you married because the marriage may end at any time.
Wv: 1) Self; 2) Allegiance.

---

[41] This *citagu* assumes that people's strongest relationships are with their kin relatives and n their marriage partner.

174. Panandipanandi kutaŵa litenje

T: Little by little, to tie a bundle.
Mg: Atamose kutenda yindu panandipanandi kukusakamucisya kumalisya cenene masengo.
M: Even doing things a little at a time can accomplish a task.
Wv: 1) Time; 2) Causality.

175. Panandipanandi ŵagumbesye lupeta

T: Little by little filled the winnowing basket.
Mg: Atamose kutenda yindu panandipanandi kukusakamucisya kumalisya cenene masengo.
M: Even doing things a little at a time can accomplish a task.
Wv: 1) Time; 2) Causality.

Ŵandu ŵane ŵapite kukusakula yitete. Ŵanduwo ŵakwete malo gakuti akasumisye yitete yawoyo. Nambo ŵakusuma yiteteyo ŵatite akusaka yitete yagumbala lupeta. Ni ŵanduwo ŵapite mwitinji kuti akasose yitete yila. Ali ayice kwekula ŵayisimene yitete yamnono, yangakwana gumbala lupeta. Pakuyiwona kuti yaliji yamnono, ŵandu ŵala ŵatesile ulesi, ni ŵatite, "Aaa, yawunami! Ngatukombola kwanisya gumbasya lupeta, kwende tuwuje." Ni ŵawusile. Nambo ŵapali ŵammasyeto ŵane ŵaŵalimbicile kuti, "Aaa, iyayi! Yangali kandu kuti yipali yamnono, cinjigale yamnonoyo ni cinjawule ku nyumba kuja kusunga. Lisiku line cinjiyika soni ni kujigala panandi ni kuja kusunga ku nyumba." Ni ŵammasyeto ŵeleŵa ŵayijigalaga panandipanandi mpaka gakwanile masiku gejinji ali mkupanganya masengo gelega. Nambo pamapeto pakwe yasimanigwe kuti ŵagumbesye lupetalo.

Some people went hunting grasshoppers. They had a place to sell them, but the buyers of the grasshoppers said that they wanted a full winnowing basket of them. So the people went into the bush to look for grasshoppers. When they arrived there they found only a few grasshoppers, not enough to fill a basket. When they saw that the grasshoppers were few, the people became lazy and said, "Ah! It's not true! We can't fill a basket, let's go back home." So they went back. But there was one woman who worked hard and she said, "Ah, no! It doesn't matter that there are few. I will take a few home and keep them. Another day I will come again and take another few and go and keep them." So the woman was taking little by little and for many days she continued with this work. However in the end she filled the basket.

176. Pangupangupe ŵapangwile mgawo pambali

T: It's mine, it's mine made a hole on the gourd's side.
Mg: Ngakanganicilaga kutenda mwajikape yindu yangawukuyima-nyilila, nampanji konanga.
M: Don't insist on doing something alone that you know nothing about as you may destroy it.
Wv: 1) Causality; 2) Self.

Jwapali mundu jwine jwaŵakwete mgawo. Jwalakwejo jwasakaga kuti mgawowo jumweleje mesi. Ŵandu ŵayikaga kukumkamusya kupowola mgawowo ni kutyosya yam'kati mwakwe kuti gapagwe malo gakutama mesi. Jwele jwakanile kuti, "Iyayi. Une mgawowu wangu, ni yeleyi cindende jikape." Ŵandu ŵala ŵamlecele. Ni paligongo lyakuti mundu jula nganijukombolaga kupanganya masengo gala, jwatandite kupowola pambali, malo gangalondeka. Yajwasakaga kuti yitendekwe nganiyikomboleka. Ŵandu ni ŵatite, "Pangupangupe ŵapangwile mgawo pambali".

There was a man who had a gourd. He wanted to use the gourd for drinking water. Many people were coming to help him to bore a hole in his gourd and remove everything that was inside. This was so that the water could stay well in there. But the man refused, "No! This is my gourd and I will do it myself." So the people left him alone. Because the man was not able to do the job, he started making a hole on the wrong side. What he wanted to do with the gourd could not be done. People then said, "It's mine, it's mine made a hole on the gourd's side".

177. Pepani jangapola liŵanga, nambo mtela

T: Sorry does not heal the wound, but medicine.
Mg: Kuli kwambone kupeleka cikamucisyo kulekangana ni gamba kuŵeceta maloŵepe.
M: It is good to give physical help rather than just speaking kind words.
Wv: 1) Causality.

178. Sabola jakala jangaŵaŵa

T: An old pepper does not bite.
Mg: Ŵandu ngakusayiwona yindu yakala kuti yili yakusosekwa.
M: People do not see the things of the past as being important.
Wv: 1) Time; 2) Classification.

179. Sadaka siŵili ce Litunu ŵapelelwe

T: Two feasts, Mr. Hyena missed out.
Mg: Kutenda yindu yiŵili ndaŵi jimo mpaka ulepele kupata yosopeyo.
M: Doing two things at one time may result in the loss of both.
Wv: 1) Causality; 2) Time.

Syapali sadaka m'misi jiŵili jakutalikangana. Yinyama yejinji yapite kukulya sadakasi. Yinyama yine yapite ku sadaka jine jijaliji m'musi wine, yine yapite soni ku sadaka ja m'musi wine. Sambano ce Litunu ŵasakaga kulya sadaka siŵili syosopesi.

Ni yawonece kuti ŵalongwele kwawula malo gamo. Kwika kweleko ŵasimene ŵandu ali mkusoma yitabu. Pakuyiwona kuti ŵandu akusoma, ce Litunuwo ŵaganisisye kuti sadakajo nganijiŵandicile, jijigale ndaŵi jelewu. Ni ce Litunu ŵatyosile pelepo ni kwawula ku musi winewo, kukulola kuti mwine kweleko yiŵandicile. Paŵayice kweleko ŵasimene kuti nganiyiŵepe. Ni ŵaganisisye kuti awujile ku sadaka jine jila kuti kwekula mwine yindu yiŵandicile. Nombe kwekula ŵasimene kuti yindu nganiyiŵepe ni ŵawujile soni ku sadaka jine aciŵecetaga kuti, "Ngalye kaje kweleko mwine sambano cingasimane amasile kusoma ali mkoposya ugali. Ni kaneko cimbuje soni ndye akuno." Ni kwika ku sadaka jine kula ŵasimene ŵandu ŵala amasile kulya. Ni ŵawusile ali mkudandawula kuti, "Jimbelele sadaka jakunokuno". Ni ce Litunuwo ŵawutucile ku sadaka jine jila. Ali ayice kweleko nombe nako ŵajisimene sadaka jila jili jemale kulya, ŵandu ali mkutyokangana. Ni ce Litunu sadaka siŵili syosope syapelele. Nganalya mwakuti jakwete sala, soni ŵapesile ni kwendajenda kaneko ŵagwilile pasi ni ŵakomwece.

There were two feasts to remember the dead in two distant villages and many animals went to the feasts. Some animals went to the feast in one village while the others went to another feast in the other village. Now Mr. Hyena wanted to eat at both feasts.

So it happened that he went to one place where he found people reading from the sacred books. Upon realising that the people of this place were still reading, Mr. Hyena knew that the feast would take some time. Mr. Hyena left there and went to the other village to see if things were almost ready. Upon reaching there he found things not ready yet. He thought to go back to the other feast, maybe things were near to completion there. There also, he found that things were not ready and he started back to the previous place saying, "I should go and eat there first, maybe I will find them finished reading and the food will be ready. Then I will come back and eat here." When he was coming to the first feast he found that the people had finished eating. So he hurried back to the other feast while complaining, "I missed this feast here". Mr. Hyena ran to the other feast. When arriving there he also found the people already finished eating and were heading back to their homes. So Mr. Hyena missed both feasts. He did not eat and was tired of moving up and down with hunger. Then he fell down and fainted.

Sadaka siŵili ce Litunu ŵapelelwe

Two feasts, Mr. Hyena missed out

180. Uce uce, wangacela pamo

T: Daybreak daybreak, they are not all the same.
Mg: Yindu yangalandana ndaŵi syosope.
M: Things are not the same all of the time.
Wv: 1) Classification.

181. Ucilo ŵamgonile mmatana

T: Night-time; someone slept with a person suffering from leprosy.
Mg: Ngawutucilaga cindu mkaniwulolecesye.
M: Don't just rush into doing something before examining it.
Wv: 1) Causality.

Acacanda ŵaŵili ŵapite kung'anda ku musi wine cilo. Kweleko kwapali yang'andang'anda. Ali ayice ku malo kula ŵang'andile. Sambano jemanjawo ŵasacile kupata acakongwe ŵakuti agone nawo cele ciloco. Nambo ligongo lyakuti kwaliji kwana cipi cejinji, nganakombolaga kum'wona cenene mundu. Mundu nganawonekaga mwaŵelele. Ni jemanjawo ŵagambaga kuŵecetana nawo acakongwe ŵala kuti, "Cemwali ngwasaka". Acakongwe ŵala ni ŵajitikanaga nayo yeleyo. Ni yasimanikwe kuti mcanda jwine jwajigele ŵakongwe ŵamatana ni kuja gona nawo. Pakwika kundaŵi jwaŵecete jika jakwe kuti, "Aaa! Ŵakongwe ŵanagonile nawo ŵala ŵamatana!" Paligongo lyakuti caliji cilo ni nganijukombolaga kulolecesya cenene, jwatesile yindu yanganijujembeceyaga kuti jukayitesile.

Two boys went to a certain village to have fun at night. There were dances in that village and when they arrived at the place they had fun. Now the boys wanted to get some girls to sleep with them that night. However, because it was very dark they could not see a person properly. A person could not be seen as they are. The boys were just talking to the girls saying, "Girl, I want you". The girls agreed with them. And it happened that one boy went to bed with a girl who had leprosy. When morning came the boy said to himself, "Oh no! I slept with a girl suffering from leprosy." Because it was night-time and he could not see very well, he did things he would not have expected to do.

Ucilo ŵamgonile mmatana

Night-time; someone slept with a person suffering from leprosy

182. Uganja wa liŵago wakunong'a pakwela

T: The friendship of an axe is nice when climbing up.
Mg: Kumnonyela mundu pa ndaŵi jawukumsosapejo, kaneko ni kumjasa.
M: Loving someone only when they are important to you, but discarding them after that.
Wv: 1) Allegiance; 2) Causality.

183. Ujika wangalikunda kunyuma

T: Being alone does not scrub your back.
Mg: Mundu pajikape ngaŵa mkutenda yosope, ukusasosa cikamucisyo ca ŵane.
M: A person alone is not able to do everything; they need other people's help.
Wv: 1) Self; 2) Classification.

184. Ukulu wangawugombela ngoma

T: For maturity, a drum is not beaten.
Mg: Ngajembeceyaga ŵane akusalile kuti sambano ukusile
M: Don't wait for others to tell you that you are now mature.
Wv: 1) Classification; 2) Time.

185. Uli pambone, pakusakala pakwisa

T: When it is good, bad is coming.
Mg: Ngapokaga naga uli pambone ligongo umi ukusasinda.
M: Don't boast if your life is going well because life can change.
Wv: 1) Causality; 2) Classification; 3) Time.

186. Ulombela mu mtela mwangakaŵa kupakatuka

T: Marriage is like being in a tree; it doesn't wait to drop you down.
Mg: Ngadalilaga mnope ulombela, ligongo ukusakomboleka kumala ndaŵi jangawukuganicisya.
M: Don't put all of your trust in your marriage because it can end unexpectedly.[42]
Wv: 1) Self; 2) Classification; 3) Allegiance.

187. Ulongo liŵasi, lyangasimasika

T: Kin relationship is a scar, it cannot be erased.
Mg: Ulongo wakupagwana wangamala, atamose yisawusye uli ukusaŵa ciŵela.
M: Kinship relationships never dissolve, even when things are not going well, the relationship remains.
Wv: 1) Self; 2) Classification.

188. Ulongo liwupa, lyangawola

T: Kin relationship is a bone, it never rots.
Mg: Ulongo wakupagwana uli wakupunda ulongo wine uliwose.
M: The bond of kin family relationship is stronger than any other relationship or friendship.
Wv: 1) Self; 2) Allegiance; 3) Classification.

189. Umbolembole wa liwungu, wangayicila ku masamba kangamala[43]

T: Slowness, slowness of the caterpillar, it does not arrive at the leaves by going quickly.
Mg: Kupililaga pakutenda yindu, ligongo pambesi pakwe ucimalisya.
M: Be patient when doing something because eventually you will finish it.
Wv: 1) Time.

[42] Kin relationships are stronger than marriage relationships.
[43] Yohanna Abdalla, *Chiikala Cha Wayao*, London: Frank Cass, 1973, p. 27.

190. Umwenye ŵandu

T: Chieftaincy, people.
Mg: Naga uli jwakulongolela ukanyosyaga ŵandu wamba, ligongo mundu ngakomboleka kuŵa jwakulongolela naga pali pangali ŵakukuya.
M: If you are a leader you should not despise ordinary people, because a person is not able to be a leader if there are no followers.
Wv: 1) Classification; 2) Causality.

191. Unami wangali msyene

T: Lies have no owner.
Mg: Pangali mundu jwakusajiticisya kuti atesile yangalondeka.
M: No one admits that they have done bad things.
Wv: 1) Classification; 2) Causality.

192. Ŵakulombela ku ce Njasi ŵangajogopa kulindima

T: He who marries at Mr. Lightening's does not fear thunder.
Mg: Naga uyitandite melepe yilagasyo upilileje nayo.
M: If you have deliberately done something troublesome you should be prepared to bear the consequences.
Wv: 1) Causality.

193. Ŵakulonda pa cisima ŵangawa ni njota

T: He who guards the well does not die of thirst.
Mg: Mundu naga cindu cikuŵandicile ngawukusalajila ligongo ukusakomboleka kulijiŵa.
M: If a person has responsibility for something (i.e. employment) they will not suffer because they will be able to benefit from it.
Wv: 1) Space; 2) Allegiance.

194. Ŵakupata ŵakulaga, ŵakulaga ŵakupata

T: The rich the poor, the poor the rich.
Mg: Naga upatile yindu gaŵanaga ni ŵane, ligongo nombe ugwe ucisosa kuti ŵanewo kusogolo cakugaŵile.
M: If you have something share it with others because you also will want others to share with you in the future.
Wv: 1) Self; 2) Causality; 3) Time.

195. Ŵalemale ŵaŵelece mwanace jwangalemala

T: A lame person bore a child who was not lame.
Mg: Komboleka kuti cindu cakulondeka ciyice kutyocela ku cangalondeka.
M: It is possible for a good thing to come from something that is not good.
Wv: 1) Causality.

196. Ŵamasoka ŵajiweni ngondo

T: The mad person saw the war.
Mg: Atamose mundu jwangacimbicika akusakomboleka kutenda yindu yekulungwa.
M: Even the lowly person can do great things.
Wv: 1) Classification.

M'musi wine ŵapali ŵandu ŵajinji. Ni mwa ŵandu ŵeleŵa mundu jumo jwaliji jwamasoka. Jwalakwejo ŵandu nganamŵalanjilaga, soni ŵamnyosyaga ligongo lyakuti jwaliji jwangaganisya cenene. Lisiku line jayikaga ngondo m'musi mula. Jwandanda kujiwona ngondojo jwaliji jwamasoka jula. Jwaweni ŵandu ali ajigele yikwanje, yipula ni maŵago kuti ŵawulaje ŵandu ŵa m'musi mula. Jwamasoka jula jwagumisile kuti, "Kwende tutile ngondo! Kwende tutile ngondo!" Nambo ŵandu ŵala ŵagambaga kuseka ni kumnyosyaga kuti, "Paja jwamasoka jwele munduju. Agambeje kumpikanila, masokago ni gagakumlamulila." Nambo nditu ngondo jila jajinjile m'musi mula ni ŵandu wosope ŵa m'musi mula ŵamasile kuwulajigwa. Nambo jwamasoka jula jwatisile ligongo ni juŵajiweni ngondojo.

In a certain village there were many people. Amongst those people there was one who was mad. The people did not count on him; they despised him because he could not think well. One day there came a war to the village. The first person to see the war that was coming was the mad person. He saw people carrying swords, panga knives and axes and they were coming to kill the people of that village. The mad person shouted, "Let's run away from the war! Let's run away from the war!" But the people were just laughing and mocking, saying, "He is a mad person. Just listen to him; he is being controlled by the madness." Truly the war came into the village and all of the people in the village were killed. But the mad person fled because he was the one who saw the war.

197. Winji wambone ukusakalila pakumala msusi mu mbale

T: Being many is good, but it is bad when it comes to finishing the soup in the plate.
Mg: Kuli kwakusosekwa mnope kola ŵandu ŵajinji, atamose ngakola cisamalilo cakwanila.
M: It is important to have a lot of people, even if that means having less ability to care for them.
Wv: 1) Self; 2) Classification; 3) Causality.

198. Ya ku jando yangasala

T: Things of *jando* do not say them.[44]
Mg: Ngaŵecetaga yakwamba yindu yangasosekwa kuti ŵandu ŵane ayimanye.
M: Don't speak about things that are not supposed to be known by other people.
Wv: 1) Classification; 2) Allegiance.

199. Ya malaŵi yangataŵila ngokwe.

T: For things of tomorrow; a grainery is not constructed.
Mg: Ngadalilaga mnope yindu yanganiwuyiwone nampanji kwasa ndaŵi.
M: Don't rely on things that you have not yet seen as you may waste your time.
Wv: 1) Causality; 2) Time.

[44] *Jando* is the Yawo term for the month long initiation ceremony for boys, involvi[ng] circumcision followed by moral and cultural teaching.

200. Yakwe yakwe, kulya kwa m'tawuni

T: Yours yours, the way of eating in town.
Mg: Mundu julijose akosyeje yindu yakutenda.
M: Every person should be minding their own business.
Wv: 1) Self; 2) Causality.

201. Yam'bujo yangagomba ngoma

T: Future things do not beat a drum.
Mg: Ngakomboleka kumanyilila yakusogolo.
M: You cannot know things of the future.
Wv: 1) Time; 2) Causality.

202. Yijuni yakumwela mesi pa lilambo limo, yikusamanyigana mang'omba

T: Birds that drink water at one swamp, know each other's feathers.
Mg: Ŵandu akusamanyilila yakwamba yitendo ya acimjawo pakutama nawo.
M: People know about each other's behaviour when they stay together.
Mg 2:Ŵandu ŵakusatenda yindu yakulandana akusajendela pamo.
M 2: People that do things alike move together.
Wv: 1) Self; 2) Allegiance; 3) Classification.

203. Yimanga yikunda ŵangali meno

T: Maize grows well for those without teeth.
Mg: Ŵandu ŵangaŵajilwa kupata yindu ni ŵakusayipataga.
M: People who don't deserve to get something are often the ones who get them.
Wv: 1) Causality.

Index of Proverbs and Stories

Mndandanda wa Yitagu ni Adisi

1. **Acakulungwa ni mwilambo mwakusimila moto**

T: Elders are the damp ground who extinguish the fire.

2. **Aci cambone, aci cambone, ce Citumbili ŵagwile calugali**

T: This is good, this is good, Mr. Monkey fell on his back.

3. **Aci kunong'a, aci kunong'a, citumbili cagwile pasi**

T: This is nice, this is nice, the monkey fell down.

4. **Acisuŵi kunondiya ya ajawo, nambo yawo akutenda kuwuta**

T: The leopard belittles what his friend gets, but his own he drags along.

5. **Acitambwali ŵangamyolana mbala**

T: Tricksters cannot shave each other's heads.

6. **Agumile mesi mkanigayice m'lukosi**

T: Shout before the water reaches your neck.

7. **Ajomboce mkanigayice m'malungo**

T: Cross before it reaches your knees.

8. **Akam'wona kuwuka**

T: Do not see him dirty.

9. **Akasam'wona ndindi unandi, mandanda gakwe aga**

T: Don't see the warbler bird's smallness, these are its eggs.

10. **Akuliti, ajawo ali ngakwati**

T: Himself he does, his friend does not.

11. **Akwasaka atalice**

T: They want him, he is far away.

12. **Amawone! Jangapata, nambo eja!**

T: Oh no! Does not find, but yes!

13. **Andape andape, ŵalinyelanjile manyi m'katonga**

T: Praise me, praise me, soiled his underpants.

14. **Andende ajuno ŵam'wuleje mwenye**

T: Praise me here, killed the chief.

15. **Angwena kuliwutanga m'cipale**

T: Mr. Crocodile dragging himself in the shallow water.

16. **Apa lipuluputu, apo lipuluputu**

T: Here a buttock, there a buttock.

17. **Asili jawukwile mbamba**

T: The secret was uncovered by the ants.

18. 'Atame ngwisa', nganikuŵa kuŵeceta
T: 'Sit I am coming', is not speaking.

19. Baba ŵakuŵilila, mwanace jwakuŵilila
T: Dirty father, dirty son.

20. Bitotolo jangapya mboga mu mbale
T: Slowness does not cook the relish in the plate.

21. Caciweni ajenu cipite, malaŵi cili penumwe
T: What your friend has seen, it is gone; tomorrow it is on you.

22. Cakulijimbasya liguluŵe cangamanyika
T: That which makes the pig fat is not known.

23. Cakusakala cikusamkuya msyene
T: A bad deed always follows the owner.

24. Cakuyimba cangatumbuka cangagonesya lugono
T: The unlanced boil does not allow sleep.

25. Cakwika cangagomba ngoma
T: That which is coming does not beat a drum.

26. Cala cangamlanjila mbujegwe
T: A finger does not point at its owner.

27. Cala cimo cangatusula njipi
T: One finger cannot squash a louse.

28. Calikanice liŵata, nguku ngamila
T: The thing which the duck has failed, a chicken cannot swallow.

29. Calilepele lijani kwela, citumbili ngaŵa mkwela
T: That which a baboon has failed to climb, a monkey cannot climb.

30. Canasa cam'wuleje msepamatuli
T: Mercy killed the mortar maker.

31. Canasa cawuleje ce Ngwale
T: Mercy killed Mr. Partridge.

32. Cangamtuma, cangasala
T: That for which you have not been sent, is not to be told.

33. Cangapikana ŵacitelecele mwiponda
T: The one who didn't listen was cooked with the leaf vegetables.

34. Ce Kalunga ŵapikene lilowe lyandanda
T: Mr. Hare heard the first word.

35. Ce Kalunga ŵatumile ce Ndembo
T: Mr. Hare sent Mr. Elephant on an errand.

36. Ce Kulinonyela ŵatopolegwe
T: Mr. 'Love myself' was chased away.

37. Ce Liguluŵe ŵalisile lukonji luli lusigele panandi kutuka
T: Mr. Pig cried just before the rope was about to snap.

38. Ce Litunu ŵakanile mbalika
T: Mr. Hyena denied the castor seeds.

39. Ce Litunu wakanice Usilamu
T: Mr. Hyena failed to be a Muslim.

40. Ce Lyola ŵamalisisye ulendo ni kusumba
T: Mr. Frog finished the journey with hopping.

41. Ce Mbasye ŵamalisisye mpika wosope
T: Mr. 'Let me taste' finished the whole pot.

42. Ce Mtimbanje kwawuleje konjecesya
T: Mr. Mtimbanje was killed by adding more.

43. Ce Ngakola ŵakamwile ndomondo mu msipu
T: Mr. 'Has not' caught a hippopotamus in a fish trap.

44. Ceswela cam'wuleje mbusi
T: The white thing killed the goat.

45. Cicalolite meso, mtima ngaŵa mkuliŵalila
T: That which the eyes saw, the heart could not forget.

46. Cili pa ajenu kuwulula, nambo cili penumwe kusisa
T: The thing of your friend, you reveal; but yours, you hide.

47. Citamile cangapata malaja
T: Just staying does not find a shirt.

48. Ciwa cangatenda odi
T: Death does not notify.

49. Gasabu asala, ŵajasile utandi wa sadaka
T: Rage, shame; he threw away the maize flour for the feast of remembrance.

50. Gona cilikati ni kwanguya
T: To sleep in between, is to come early.

51. Guluka pangali moto
T: To jump when there is no fire.

52. Jembeceyani mesi gapite kuti mtawale
T: Wait for the water to pass then get settled.

53. Jikajikape jangawuma mbili
T: Alone, alone, one cannot produce history.

54. Jwakulwala m'matumbo ni jwakusawugula litanga
T: The one who has diarrhoea is the one who opens the door.

55. Jwangapikana jwapikene liŵago lili mu mtwe
T: The one who did not listen, listened when the axe fell on his head.

56. Kagoma kakusona kangakaŵa kupapuka
T: A small loud drum does not take time to split.

57. Kakatite cubwi! Nganikacuwuce
T: The small thing which went splash! It has not yet come out of the water.

58. Kakwe ni kakwe, ka ŵane ni ka ŵane
T: Your little is your little, their little is their little.

59. Kakwe ni kawulile
T: Your little thing is the little thing you have eaten.

60. Kandu cala
T: Little thing, finger.

61. Kangapumula ŵakakamwile ŵanace
T: Little never-rest was caught by children.

62. Kanyetanyeta kakulimulicila kasyene
T: The fire-fly gives itself light.

63. Koca tuŵili, kamo kutinika
T: Roasting two, one gets burnt.

64. Kola kandu nambo kulimbicila
T: To have something; but effort.

65. Kolosyani ka pasi kuti ka penani katuluce
T: Do something good to the small thing down here, so that the small thing above will come down.

66. Kondoganya pagalenjele mesi
T: To stir where the water is clear.

67. Kongola citela, nambo pandanda
T: To straighten a tree, but at the beginning.

68. Kujijonga ng'ombe jaganda
T: To suckle from the thin cow.

69. Kulilila ula, ulilile matope
T: To cry for rain, is to cry for mud.

70. Kulima ŵamnono, kulya ŵajinji
T: Few people farming, many people eating.

71. Kulya ugali jikape yanganong'a
T: Eating *ugali* alone is not enjoyable.

72. Kumjogopaga jwamkanapate
T: Respect the one who has not yet become rich.

73. Kumsimana mundu ali mkukulolecesya, nomwe mumlolecesye
T: If you find a person staring at you, you should also stare at them.

74. Kumtenda kalibu ngasimkana
T: To welcome you! Don't refuse.

75. Kumwaga pawukupayicila
T: Scratching where you reach.

76. Kupagwa cenene pakutanda, kulemala kukusatenda kwisa
T: Being born well at first, lameness does come.

77. Kupasyoŵela, ce Tombolombo ŵapile mcila
T: To be used to; Mr. Dragonfly's tail burnt.

78. Kupata kwa ce Citumbili, ce Lijani ngasangalala
T: The riches of Mr. Monkey, Mr. Baboon is not happy.

79. Kupekupe, kumpaga jwakupele
T: Give give, give to the one who has given you.

80. Kupeleka ni kupanda
T: To give is to plant.

81. Kusalala kwa nguju, m'kati mwana mbamba
T: The beauty of the fig; inside are ants.

82. Kusamasama winji mena
T: Moving moving, many names.

83. Kusi kwa lutumbo lwa ndembo, kwangapita kaŵili
T: Under the elephant's belly, you can't pass twice.

84. Kutalikangana kutama, umbo syatupile mena
T: To be staying far from each other, hair has many names.

85. Kuti syasye, ŵasyasisye m'kalimo
T: Let me try, he tried wrongly.

86. Kutyokatyoka kwangapata malaja
T: Leaving, leaving does not find a shirt.

87. Kuŵandikana ngaŵa ulongo
T: To stay close together is not a relationship.

88. Kuŵeceta mwakuwona, ce Litunu ŵangali uganja
T: Truly speaking, Mr. Hyena has no friendship.

89. Kuŵeceta ni mtima wosope
T: To speak with the whole heart.

90. Kuwulaga lijoka, ni kata mtwe
T: Killing the snake is to cut off the head.

91. Kwasa manyasi gecuŵecuŵe
T: To throw away the grass that is already cut.

92. Kwenda kuŵina
T: To walk is to dance.

93. Kwika kwa miŵa ni uwowu wakwe
T: The coming of a thorn is with pus.

94. Lelope jino waŵilile mnamba
T: Today only, dirtied the forktailed drongo.

95. Likambale lyangacapila papopo
T: The catfish can't be washed on the spot (where you caught it).

96. Likoswe lya pa msakasa lyajuwile lya pa cititu
T: The rat on the roof revealed the one on the rubbish pile.

97. Likoswe lyasoni lyawilile kwisimbo
T: The shy rat died in the hole.

98. Likoswe naga lili pa lulo lyangawulajika
T: If a rat is on the clay pot it cannot be killed.

99. Likungu lya mjenu limpe lunda
T: A friend's misfortune should give you wisdom.

100. Likungulu lyawoga lyawile ni ukalamba
T: The fearful crow died of old age.

101. Lipalapi likulemala likusile
T: The antelope becomes lame when it is old.

102. Lisiki lya mbwa lyangagona mbusi pasa
T: The luck of the dog cannot make the goat sleep outside.

103. Lisiku limo lyangawola nyama
T: One day does not rot the meat.

104. Lisimba mu ukweti mwakwe
T: Lion in the forest; at home.

105. Litaŵala lyangaŵeleka liwundi
T: The long nosed rat does not bear an owl.

106. Liŵago lyakwasima kwanguya kutemeka
T: A borrowed axe is quickly broken.

107. Liwupa lyakanganicisya lyangakaŵa kasa mpika
T: A forced bone does not take long to break the pot.

108. Liwuto lya kalunga lyakusile ni 'Kwalole!'
T: The sleeping place of the rabbit grew with, 'Come and see!'

109. Lupula lumo, lwangajinjila yala yiŵili
T: One nostril, two fingers cannot enter.

110. Lusulo lwangali mesi, ngasimgona
T: The river without water, you should not sleep.

111. Luwundu wasyegwe
T: Dust is yourself.

112. Lyuŵa liŵasilemo mjotele cilepe
T: When the sun shines, bask in it before it's too late.

113. Magambo gangasumanya ni yinangwa
T: A court case is not bartered for with cassava.

114. Majani gangalangana gagonile mitelamitela
T: The baboons that did not agree slept in different trees.

115. Majani gangasekana micila
T: Baboons don't laugh at each other's tails.

116. Maloŵe ga acakulungwa gakusanong'a gali gagonele
T: Old people's words become sweeter after some days.

117. Mama ŵenu ni mama ŵenu, ngawona kunondipa lukongolo
T: Your mother is your mother, don't see the smallness of the leg.

118. Mani kuŵecetaga gakwe
T: Hunting, speak about your own.

119. Manyi gakala ganganunga
T: Old faeces don't smell.

120. Mapuluputu gaŵili gangaleka gundana
T: Two buttocks cannot avoid hitting each other.

121. Masiku gakumala ni gona
T: Days end with sleeping.

122. Matemba ga mwisamba gangapasya
T: Fish wrapped in leaves should not be tasted.

123. Mbatembate, jangakaŵa kupata liŵanga
T: I get, I get, does not take time to get a wound.

124. Mbusi jikulya pajitaŵilile
T: The goat eats where it is tied.

125. Mbwa jikusaguma kumangwakwe
T: The dog barks at its own home

126. Mcembe umo wangalisya musi wosope
T: One mango tree does not feed the whole village.

127. M'citipula mwangajuŵa
T: In the tilled bare soil you cannot hide yourself.

128. Membe jakujijilika jasimene ni mcimba
T: The unstable fly met with a lump of faeces.

129. Mesi gangaliŵalila lukoloma
T: Water does not forget the riverbed.

130. Meso kusakasya, m'kamwa kunong'a
T: To the eyes it looks bad, in the mouth it tastes good.

131. M'kamwa mwa ngwena mwangapisya mkono, kogopa maŵanga
T: In the mouth of a crocodile your arm should not pass, for the fear of getting wounds.

132. Mlendo ni jwakusayika ni kalwembe kakutema
T: A stranger comes with a small sharp knife.

133. Mlendo ni mangame
T: A visitor is dew.

134. Mlinde mesi gapite ni mŵeceteje kuti, 'Njaliwe'
T: Wait for the water to pass then say, 'I am blessed'.

135. Mmela ni pandanda
T: A crop is at the beginning.

136. M'musi mwasyene mwangasinjila singwa
T: In someone else's village, a wreath cannot be threaded.

137. Mpamba wakulolela wangakaŵa kwinjila m'meso
T: A watched arrow does not take time to pierce the eyes.

138. Mtwe umpepe wangatwicila cipagala
T: One head does not carry a small thatched roof.

139. Mtwe wekulungwa wangasyemba suŵa
T: A big head cannot dodge a fist.

140. Mwajipite singano, ulusi ukusapita m'momo
T: Where the needle has passed, the thread will pass in the same way.

141. Mwakwenda mwangacapa kasoti
T: On a journey, the small prayer hat cannot be washed.

142. Mwanace jwa ajenu ni jwenu, bola kalamuka yala, cimlye najo
T: Your friend's child is yours, better have clever hands, you will eat with him.

143. Mwanace jwakaŵile uŵasi
T: The child plucked the mushroom.

144. Mwanace jwasyene jwangam'waca mlimba
T: The child of someone cannot be clothed in rags.

145. Mwitinji mwalemile ce Lijoka
T: In the bush, Mr. Snake failed.

146. Naga ajawo ali mkupya ndewu, ŵasimisye ligongo nombe nawo cacisimisya moto pa ndewu syawo
T: If your friend's beard is burning, extinguish it, because he will also extinguish the fire on your beard.

147. Naga ali mwitinji akole yida
T: If you are in the bush, have tools.

148. Naga ce Litunu ali agwilile mwisimbo, ŵangaŵeceta cine cilicose
T: If Mr. Hyena falls into the pit, he does not speak anything.

149. Naga kukulindima, ajilindilile ula
T: If it thunders, wait for the rain.

150. Naga mwanace ali mkulilila liwupa, ampe liwupalyo
T: If a child cries for a bone, give him that bone.

151. Naga nyuci sili syejinji syangaŵika uci
T: If too many bees, honey will not come.

152. Naga ula jikuweni likaku, jangaleka kukugwila
T: If the rain has seen dirt on you, it does not stop falling on you.

153. Naga usakele umanyilile nyimbo
T: If you are ugly you should know a song.

154. Namtundila japelelwe mapapiko ligongo lya kulya
T: The *namtundila* beetle failed to have wings because of eating.

155. Ndakutendaga, jwajimwice mwanace
T: I may do, the child woke up.

156. Ndewo jangataŵa musi
T: A fight does not build a village.

157. Ndolite pakutalika, lijani lyalikatile lukosi
T: I saw from a distance, a baboon cut its throat.

158. Ngakasa lupale ligongo lyangali meno
T: Don't smash the cooking pot because of not having teeth.

159. Ngamanyilile, ngatelece linyololo
T: If I had known, I would have cooked okra.

160. Nganga syapangene mkanikuce
T: The guinea fowls planned before dawn.

161. Ngatame nawo, ŵakowele malilo
T: Let me stay with them, peeled skin from the dead body.

162. Ngokoŵela jampelele ngala lukosi
T: Lateness made the crab miss out on getting a neck.

163. Ngomo kasa musi
T: Lips break the village.

164. Ngondo, acanasi
T: War; friends and relatives.

165. Nguju syakulya mwanace syapotokwele acakulungwa
T: Figs eaten by the child made the adults' stomachs churn.

166. Nguku jacilendo kuŵengana ni yitotola
T: A newly arrived chicken is vulnerable to eagles.

167. Nguku jalupuso jangasosola
T: A jealous hen does not hatch.

168. Nguwo jakwasima jangalimba pa cilu
T: A borrowed cloth does not last long on the body.

169. Njanguye kwikuta, likambale lyawile mu msolola
T: Let me get satisfied quickly, the catfish died in the fish trap.

170. Njipi jakwendajenda jasimene ni cala
T: A louse moving about met with a finger.

171. Pa m'bulili pangakokonela
T: At the shade you don't wipe your bottom.

172. Pa ugono pangasakasya
T: On the mat where you sleep don't pollute.

173. Pa ulombela pangatambalika
T: Marriage is not a place to stretch one's legs.

174. Panandipanandi kutaŵa litenje
T: Little by little, to tie a bundle.

175. Panandipanandi ŵagumbesye lupeta
T: Little by little filled the winnowing basket.

176. Pangupangupe ŵapangwile mgawo pambali
T: It's mine, it's mine made a hole on the gourd's side.

177. Pepani jangapola liŵanga, nambo mtela
T: Sorry does not heal the wound, but medicine.

178. Sabola jakala jangaŵaŵa
T: An old pepper does not bite.

179. Sadaka siŵili ce Litunu ŵapelelwe
T: Two feasts, Mr. Hyena missed out.

180. Uce uce, wangacela pamo
T: Daybreak daybreak, they are not all the same.

181. Ucilo ŵamgonile mmatana
T: Night-time; someone slept with a person suffering from leprosy.

182. Uganja wa liŵago wakunong'a pakwela
T: The friendship of an axe is nice when climbing up.

183. Ujika wangalikunda kunyuma
T: Being alone does not scrub your back.

184. Ukulu wangawugombela ngoma
T: For maturity, a drum is not beaten.

185. Uli pambone, pakusakala pakwisa
T: When it is good, bad is coming.

186. Ulombela mu mtela mwangakaŵa kupakatuka
T: Marriage is like being in a tree; it doesn't wait to drop you down.

187. Ulongo liŵasi, lyangasimasika
T: Kin relationship is a scar, it cannot be erased.

188. Ulongo liwupa, lyangawola
T: Kin relationship is a bone, it never rots.

189. Umbolembole wa liwungu, wangayicila ku masamba kangamala
T: Slowness, slowness of the caterpillar, it does not arrive at the leaves by going quickly.

190. Umwenye ŵandu
T: Chieftaincy, people.

191. Unami wangali msyene
T: Lies have no owner.

192. Ŵakulombela ku ce Njasi ŵangajogopa kulindima
T: He who marries at Mr. Lightening's does not fear thunder.

193. Ŵakulonda pa cisima ŵangawa ni njota
T: He who guards the well does not die of thirst.

194. Ŵakupata ŵakulaga, ŵakulaga ŵakupata
T: The rich the poor, the poor the rich.

195. Ŵalemale ŵaŵelece mwanace jwangalemala
T: A lame person bore a child who was not lame.

196. Ŵamasoka ŵajiweni ngondo
T: The mad person saw the war.

197. Winji wambone ukusakalila pakumala msusi mu mbale

T: Being many is good, but it is bad when it comes to finishing the soup in the plate.

198. Ya ku jando yangasala

T: Things of *jando* do not say them.

199. Ya malaŵi yangataŵila ngokwe.

T: For things of tomorrow; a grainery is not constructed.

200. Yakwe yakwe, kulya kwa m'tawuni

T: Yours yours, the way of eating in town.

201. Yam'bujo yangagomba ngoma

T: Future things do not beat a drum.

202. Yijuni yakumwela mesi pa lilambo limo, yikusamanyigana mang'omba

T: Birds that drink water at one swamp, know each other's feathers.

203. Yimanga yikunda ŵangali meno

T: Maize grows well for those without teeth.

www.ingramcontent.com/pod-product-compliance
Lightning Source LLC
Chambersburg PA
CBHW021833020426
42334CB00014B/606
* 9 7 8 9 9 9 0 8 7 6 7 3 4 *